（美）摩根◎著　李慧泉◎译

相信自己够勇敢

John Pierpoint
Morgan's Letters

摩根写给儿子的32封信

立信会计出版社
LIXIN ACCOUNTING PUBLISHING HOUSE

图书在版编目（CIP）数据

相信自己够勇敢：摩根写给儿子的32封信/(美)摩根著；李慧泉译.--上海：立信会计出版社，2016.7
（时光新文库）
ISBN 978-7-5429-5032-1

Ⅰ.①相… Ⅱ.①摩… ②李… Ⅲ.①摩根，J.P.（1837～1913）—书信集 Ⅳ.①K837.125.34

中国版本图书馆CIP数据核字(2016)第104630号

策划编辑	蔡伟莉
责任编辑	蔡伟莉　张　寻
封面设计	久品轩

相信自己够勇敢：摩根写给儿子的32封信

出版发行	立信会计出版社		
地　　址	上海市中山西路2230号	邮政编码	200235
电　　话	（021）64411389	传　真	（021）64411325
网　　址	www.lixinaph.com	电子邮箱	lxaph@sh163.net
网上书店	www.shlx.net	电　话	（021）64411071
经　　销	各地新华书店		

印　　刷	廊坊市华北石油华星印务有限公司		
开　　本	880毫米×1280毫米	1/32	
印　　张	8	插　页	1
字　　数	166千字		
版　　次	2016年7月第1版		
印　　次	2016年7月第1次		
书　　号	ISBN 978-7-5429-5032-1/K		
定　　价	29.00元		

如有印订差错，请与本社联系调换

代　序

美国精神传承的"圣经"
艾伦·格林斯潘

跟摩根家族的交往要追溯到我的祖辈，我们两家交往甚多，相互很了解。我虽然身兼要职，但在金融上却是摩根家族向我发号施令。

从小我对摩根家感兴趣的不是他们祖辈所收藏的价值连城的古董，而是想知道是什么秘诀使这样一个伟大的家族在财富顶峰屹立不倒，并且不断地强大起来。美国历史上有过许多曾经强大过的家族，但最终都像肯尼迪家族一样衰弱了，而摩根家族则不然。

我多次有意无意地询问亨利，试图从他那里得到一个答案，但始终未能如愿。在1986年的圣诞节，我非常荣幸地被查尔斯一家邀请共度良宵。晚宴后，查尔斯非常神秘地带我到他祖父的书房（也是摩根家的收藏室），从一个保存极好的樟木箱中，小心翼翼地取出一叠发黄的信纸，那是约翰·皮尔庞特·摩根一世写给他的儿子约翰·皮尔庞特·摩根二世的家书。

从查尔斯庄重的神态可以知道，这些信件是摩根家族的至宝。当我戴上白手套阅读了一页，便不忍释手，文章写得实在太妙了，我只有在读《圣经》时才有这种感觉。恍然间，我好像看到了摩根家族强大富有的秘密。

我非常感谢查尔斯的慷慨，他让我看了这个家族最珍贵的宝藏。我明白摩根家族是靠祖先的智慧才得以不断强大起来的。作为美利坚的金融首脑，我希望自己的祖国更加强大，我多么希望摩根家书能公之于众。但这样的要求显然有点强人所难。

令人惊奇的是，后来我们尊敬的查尔斯·斯塔查·摩根先生为纪念摩根家族创始人迈尔斯·摩根踏上美洲大陆360周年，决定把摩根家书付梓刊印，公诸天下。

我当时就决定预订一本，我要把这本充满伟大力量的书当作最宝贵的礼物送给我的儿子。我想我儿子一定会从这本书中汲取力量，走上自己的成功之路。当然我更希望美利坚的每一个家庭都拥有这样一本"圣经"，因为所有家庭的富有才能造就一个强大的美国。

作序者简介

艾伦·格林斯潘（Alan Greenspan），美国犹太人，美国第十三任联邦储备委员会主席（1987—2006），任期跨越6届美国总统，曾多次访问中国。在他人生的巅峰时刻，他被称为全球的"经济沙皇""美元总统"，以及卓越的经济学大师、预言家、魔术师。

前 言

商业品质的精神之源

《相信自己够勇敢——摩根写给儿子的32封信》是世界财富巨擘摩根家族的奠定者——约翰·皮尔庞特·摩根给儿子小约翰·皮尔庞特·摩根的书信集。它本来是不愿公开的私人信札，是以遗嘱形式密藏的贵重珍品，并且"透露了太多的摩根家族创造财富的秘密和商业的智慧，是培养伟大企业家无可比拟的教材……"。所以在这些信札被外界获悉之后便引起出版界的广泛关注，多年来一直强烈要求出版，但都被一一回绝。

直到20世纪90年代末期，为纪念摩根家族的开创者迈尔斯·摩根1636年登上美洲大陆，摩根家族的继承者查尔斯·摩根才答应付梓刊印。本书在美国一出版，即引起轰动，连续在畅销书排行榜上居高不下，甚至诸多企业都把它作为教育员工的范本，人手一册，案头必备。它的价值就如亨利·斯塔杰所说："比摩根家族富可敌国的全部财富更加宝贵。"成功学导师拿破仑·希尔是最早看过摩根信札的人，他对摩根家书的价值，也即家书给予子女的教育意义作了极高的评价。他在《思考致富》中的"书信激励"一节中提到："倘若写信人想收到收信人的回信而没有得到时，他就能像广告专家那样运用一种诱饵。金融家摩根就曾经这样做过。"

儿子是父亲精神的传承者，希望子女能成大器是所有父母的共同愿望，也只有父母对子女的爱才是最无私、最伟大的。16世纪的诗人乔治·哈伯特曾说："一个父亲胜过百个教师。"这句话不是没有道理的。

小摩根要继承家族的事业，老摩根希望他不断地学习，培养企业家的能力和精神，所以语重心长地从生活、工作、处世、为人、致学、管理、经营等多方面对儿子进行循循善诱、谆谆教导。这些教导是通过书信形式完成的，读过它的人都不得不承认它的价值"不仅能培养像富兰克林一样拥有金钱与荣誉双重收获的人，而且也是培养成功企业家的伟大著作"，对美国繁荣富强具有"无可比拟的意义"。

弗兰西斯·培根曾说："人类的命运，操纵在自己的手里。"我们都渴望成功，希望做一番大事业，这就需要智慧的指引。那么，就从本书开始吧！它将告诉你所有迈向成功的方法和技巧，帮助你打开财富的智慧之门，开创你辉煌的人生！

目 录

第 1 封信 /1　将来的你，会感谢现在拼命的自己

成功者不可怕，可怕的是他比你还要努力。企业界的巨人，绝不是走出校门进入社会后，便不再鞭策自己努力用功的人。他们只不过是将用功的时间改变，在平常生活中加入适当的娱乐调剂，而夜晚及周末成为他们用功的时间，就是这样。

第 2 封信 /9　赢在执行到位，没有任何借口

我最欣赏那些当上司不在时，仍然照常勤恳工作的人。这样的人如果把任务交给他，他会默默接受，而不会问愚蠢的问题。这种人不但不会被解雇，相反会有更好的发展。同时他也不会趁机要求加薪，绩效和利润正是这种人创造的。

第 3 封信 /17　永不放弃：创业如何完成比难更难的事

作为企业家，要有坚定的信念永不放弃。不管是伟人还是凡人，都会表现出消极与积极的情绪。作为成功的企业家，他不仅要克服自卑、超越自卑，而且要思考如何做比难更难的事，而且能合理地调节心理承受力，在压力下把事情做好。

第 4 封信 /29　看得远，就要懂得诚信的珍贵价值

企业界是个相当狭窄的世界，骗了这个人后再骗那个人，他的企业生命力必定不长。况且，欠缺诚实的行为必定会招致不良后果。所以不必去担心他的人格，你必须注意的是你自己的品格，这才是最重要的。

第 5 封信 /35　爱读书的人，运气总不会太差

要想通过读书来磨炼经营的手腕，最重要的是博览群书。历史是人创造的，是以人为主题的，不仅如此，即使是医学、投资、饮食疗法、运动等等，每一本书都代表了人的思想、行为。所以，从现在开始能够多读书是最好不过的。

第 6 封信 /41　拓展人脉，做生意从交朋友开始

友谊与事业的关系非常大。从某一个角度看，两者之间密不可分，相互影响；但是换一个角度看，可能一点关系也没有。因为友谊往往隐藏在"金钱"的复杂关系中。

第 7 封信 /47　结婚是最大的投资，婚姻是一辈子的事

作为过来人，我仍然不得不这样对你说：绝不能把婚姻视为儿戏草率地决定，否则随之而来的惩罚将是离婚、精神痛苦，而在大多数的时候更将是"存款金额的锐减"。

第 8 封信 /53　你的身体，是一切美好的开始

在被一般人所接受的现实社会里，追求身体健康的确是一件不容易的事情。维持健康的生活习惯必须具有强烈的自

目 录

制能力，这就是要加强自己的思想意识，杜绝不良习惯。我希望你在年轻时就能重视这件事。

第 9 封信 /59　学时间整理术，每天多出一小时

时间是你自己可以握在手中的最宝贵的财富，千万别忘了，不珍惜时间就相当于不珍惜生命。成功的企业家都掌握了一个原则，那就是：变"闲暇"为"没闲"，也就是珍惜工作和生活中的分分秒秒，绝不好逸恶劳，而且勤勤恳恳地工作。

第 10 封信 /65　多一份经验，多一分财富

经验无法靠别人传授，也不能从学校中学习，唯有自己日积月累地贮存。无论你累积多少经验，仍要不断地学习，并从失败中汲取更深一层的经验，以免重蹈覆辙。

第 11 封信 /71　礼貌制胜，你的礼仪价值百万

恰当地运用礼貌，可以大大提高员工的工作士气，以及公司的营运效率。你以客气的方式要求别人做事，比以命令的方式更能获得首肯。为女士或男士开门，或是当女士进入室内时，为她们脱下（或穿上）外套等礼貌的举动，都会得到他们同等善意的回报。

第 12 封信 /79　大声激励，唤醒最好的自己和别人

对于自己应该以什么样的方式活着，自己要怎样，你有选择的权力。你有必要研究学会怎样激励自己和别人，使它确实能帮助你，因为当你知道什么东西能激励人的时候，你也就能使用适当的方法来激励自己。

做周全的准备,做最坏的打算

随着年龄的增长,我深切地感受到,人平常无论多么小心地应付问题,仍然会碰到困难,这就是人生。你一定要有心理准备克服眼前的困难,这样你才能够将竞争对手远远抛在你后面。

怕什么,敢于冒险才有无限可能

你我共同经营的事业,目前正在勤勉和友爱中欣欣向荣地成长。倘若你一定要投身冒险性的事业,我只有深深地希望那项合伙事业也同样充满着勤勉和友爱,并祝愿你能够一切顺利。

会赚钱是本事,会理财是大事

要积蓄一笔资金,需要长久的时间,但是要将这笔钱花掉,却只需一眨眼的工夫。即使有一条只能赚入1美元的门路,你必须脚踏实地、按部就班地进行,千万不要投机取巧,另辟捷径。

平衡工作和生活,原谅你的不美好

踏入社会的人,对于自己的所爱以及爱自己的人,必须具有特别宽阔的包容心,太太也会努力去配合先生的步调。有许多父亲每天忙于加班,挪不出时间和孩子相处,这是很悲哀的现实。

目录

第17封信 /119

梦想这条路踏上了，跪着也要走完

为了不让任何一位有能力的企业家无用武之地，某种程度的野心固然是必要的；可是一旦步入贪婪的战场，那将是一件十分悲惨的事！

第18封信 /125

提升领导力，人们就会追随你

你如果希望别人将你视为领导者，就一定要让你的团队能按你的意志而行动。切记，领导者要率先行动，才能领导别人，只要你停下来，别人也会跟着停下来。你自身的行为，决定着全体员工能否充分发挥能力。

第19封信 /133

高效演讲，有逻辑地说服别人

演讲体现了一个人的综合能力，你在这方面的功力如何？我不敢肯定。但我知道你至少具备了优秀演讲者所必需的几项最基本的要素：第一，一张能言善辩的嘴巴；第二，一副冷静而睿智的头脑；第三，一双强壮结实的腿。

第20封信 /141

追求卓越：企业精神的密码

企业家为了完成企业的使命，往往要支使很多员工工作，这些人也有权利要求从职务和工作中感受到幸福和快乐。因此，企业家除了促使社会繁荣外，还必须使部属满足、快乐。

第 21 封信 /149　善意而巧妙的批评，将改变你的一生

根据我多年的经验，我以为只有大约 10% 的"批评"才是有价值的，其他 90% 都掺杂了嫉妒、恶意、愚笨，甚至无礼。如果你不能洞察细微而一味地耿耿于怀，就会错失许多使自己进步的机会。因此，衡量"批评"的价值，就变得很重要了。

第 22 封信 /155　管理的实践，以奋斗者为本

效益和利润最大化是每个企业追求的目标，但是在追求利润和效益的同时，关心和尊重员工，才能充分发挥员工的积极性，只有这样，企业的管理才能算科学、合理。

第 23 封信 /163　解聘有方，辞退有法，选人有术

无论在任何情形下，你都不要让被解雇的职员产生太多的挫折感和失落感，这点非常重要。应谨记在心的是，当你在任用职员以前，应仔细挑选，这样才能减少发生不愉快的解雇情形。

第 24 封信 /171　加强效率化管理，释放利润空间

所谓的效率化管理，就是刺激部属活用头脑，凭借他们的经验，让他们提供最新的情报，听取他们的经验，让公司的整体发挥最大潜能。

第 25 封信 /179　突破思维的墙，发现创新创意的源头

创新并不需要天才，创新只在于找出新的改进方法。任

目录

何事情成功的原因,在于能够找出把事情做得更好的办法。所以,遇到问题,你要多思考,加强锻炼创造性的思维能力。

第 26 封信 /187　看紧你的钱袋子,掌握投资的门道

关于投资这个话题,我不想谈得太多。除了房子投资,当然也还有其他的投资方法,像投资股票、债券等。在你选择投资股票、债券时,需要很仔细地做一番研究计划。

第 27 封信 /195　投资关键:所有鸡蛋别放在一个篮子里

想做一个称职的企业经营管理者,你必须要有应付各种紧急情况的应变能力。还有你必须对很多不确定因素做出客观的评估,以便随时做出对策。你的经费被削减的话,你必须快速地做出相应的决策,尽快地解决它。

第 28 封信 /203　聪明的投资者与银行愉快地合作

你是你自己,应该充分发挥你的能力和人际关系,尤其是运用自身的资本和时间,同银行建立起密切关系。我们应该无时无刻不牢记在心中的对象,那就是银行家。

第 29 封信 /209　守法经营,理性维护公司利益

如果你在经营中与检查者的看法不同,只要你是守法经营,你完全可以抛弃人们世俗的观念和检查者理论,最好是拿出你的证据向上一级申诉。如果他们不称职,那么我们可以状告政府不作为。

第30封信 /215　不会识人用人，你就自己累到死

不同的工作岗位有不同的职责要求，不同的人才适合从事不同的工作。有的人既能统观全局，又善于协调指挥，善于识人用人，组织才能出众，雄才大略，那他就是一个帅才。

第31封信 /225　咬咬牙，人生没有过不去的坎儿

你不妨试着这样说服自己："纵然是困难的事，我也要接受，并且一旦接受了，我就要把它做得尽善尽美。"如果你抱着这种信念，那么任何事情做起来，就会顺利得多，然后还能享受完成任务时的成就感。

第32封信 /233　爱拼才会赢，未来就全看你的了

我之所以要将领导权交付给你，理由其实很简单：不久之后的某个早晨，你醒来后发现我已长眠不起。从那一天起，你不仅必须照顾家庭，也得立刻挑起公司的重担。因此，现在你必须有心理准备承担来自各方面的压力。

第1封信
将来的你，会感谢现在拼命的自己

摩根说

成功者不可怕，可怕的是他比你还要努力。企业界的巨人，绝不是走出校门进入社会后，便不再鞭策自己努力用功的人。他们只不过是将用功的时间改变，在平常生活中加入适当的娱乐调剂，而夜晚及周末成为他们用功的时间，就是这样。

华尔街之王智慧格言

1. 保持工作的纪律性很重要,试想一个连准时上班都无法做到的人,又怎么能担负重任呢?
2. 如果你想成为一个善谈的人,要先从学会做一个善于倾听的人开始。
3. 服务是企业的生命,只有良好的服务才能使企业更有竞争力。
4. 人的进步是靠不断地学习,不进则退。
5. 成功者不可怕,可怕的是他比你还努力。
6. 管理者只能利用失败,而绝不应有意制造失败。

第1封信　将来的你，会感谢现在拼命的自己

亲爱的小约翰：

听着，孩子，我有很多话要对你说，并且我现在对你所要说的和从前的教育有所不同了。因为，从现在开始，你已经不再是小孩子。你即将进入这个五光十色的社会大家庭，你将和我一起在这个看不见硝烟的战场上迎接挑战。如此，你不只是我的孩子，更重要的是我的战友、我的同事，今天是你一生中重要的一天。你20年的学校生活已经结束，我相信你已经学到了不少的理论知识，你可以正式投入到现实社会的工作行列中了，你应该感到非常高兴。虽然也有许多人并不喜欢工作，那是因为工作使他们联想到：早上必须早早起床，反复做些无聊的工作，使他们失去娱乐时间，甚至引起他们的很多身体疾病。但有些人却急于投入工作中，因为工作可以帮助他们实现自己的理想和抱负，于是他们希望通过工作和努力，发挥自己的才能。我希望你属于后者，更希望你不只继承我们家族富可敌国的财富，而是创造更多的财富。

孩子，在你进入社会之前，我对你的教育也许严厉了一些，剥夺了你的很多娱乐时间。可是，你是知道的，那是为了让你接受更多正式教育。现在你精神构造方面的骨架已经成熟，你要将过去长年努力的成果，运用到竞争残酷的真实社会中去，借以维持你的生计，确保你的地位，然后进行更大的发展。关

相信自己够勇敢：摩根写给儿子的 32 封信

于这点，你可以说是处于相当有利的地位，因为你很明白即将接触的事务，你渴望成为优秀的企业家。但有许多年轻人却没有你幸运，他们为了生活，为了生存而挣扎，他们不知道自己的目标在哪里；也有的人虽然选择了目标，可是却无法进入追求目标的行列中。你想过为什么吗？你和他们不同的是你有一个我这样的父亲，我可以把我多年在企业界的经验和心得无私地告诉你，把我总结的我们祖先——从迈尔斯·摩根 1636 年登上美洲大陆务农开始，经过历代的刻苦经营和创造，到发展地产、金融所有的成功经验都传授给你，希望你继承我们摩根家族的传统和事业。你想，你是否比他们幸运得多？你有目标，也有工作，这就是好的开始。

这就要求从你正式踏入公司的第一天开始，必须每天准时上班，勤恳工作，先在基层磨炼以了解和学习企业运转的某个环节。因此，保持工作的纪律性很重要，试想一个连准时上班都无法做到的人，又怎么能担负重任呢？我们企业上班的时间都是一定的，而下班时间视各人的工作需要而定，具体时间由自己的工作需要来权衡。通常情况，有些公司上班的时间并没有硬性规定，如果不能接受我们公司必须准时上班的人，可以试试那些公司。我不希望跟你约好七点见面，而你八点钟才姗姗而来，就算你是属于管理阶层，也一样必须准时上班。

在工作中，你应该常常接近那些长年为公司发展尽心尽力的同事们。我想你一定想谦虚地吸收他们的经验与管理知识吧！在这个阶段，如果你想要有所改革的话，不要操之过急，因为时机还未到。如果你对目前的做法有任何想要改变的意见（当

第1封信　将来的你，会感谢现在拼命的自己

然是指更好的方法），尽管提出问题。但是，必须注意在进行时不要太过严格。成功者不是守株待兔的人，成功者往往是一面学习一面等待适当时机的人，成功者也就是将计划思索多次，考虑各种可能发生的情况后，就能够得出一个比较周全的计划的人。倘若你真的确定公司的政策有改变的必要时，也不要急于求成（当然，紧急时则另当别论）。虽然有时候，一个企业的决策者要雷厉风行、速战速决，但是，要根据情况而定，尚未尝试过的生意，还是必须经过一段时间的仔细研究，基础稳固后才能进行。

在学校你学到的理论知识可以给你的工作以指导，但真正的工作要靠实践。在公司的工作过程里，只要你谦虚学习，你就一定能接受到优秀的指导。而我想你应该由销售部门开始学

保持工作的纪律性很重要。

习，等你有了相当了解之后，我会安排你和客户见面，让你了解自己并且发挥推销能力。而这些客户与公司交往的时间都比你的年龄还要大，从他们那里你可以知道一些他们对公司的看法和观点，增加你对公司的认识。还要提醒你的是，在你跟客户握手之前，必须尽可能地事先了解对方，从客户的立场来说，第一印象非常重要，他只会给你一次机会。所以，一开始你就必须先下点工夫，给对方留下一个好印象。否则，往后你得花费一两年或更多的时间才能重新抓住客户的心，那么你出发的脚步就不得不慢下来了。

你初入公司，必须记住多听少说。如果你想成为一个善谈的人，要先从学会做一个善于倾听的人开始。你要学会鼓励别人多谈他们自己，听取他们的建议，从而才能更客观地看待问题，做出正确的决策。过去，当我决定采用一个推销员时，我会挑两三个客户做一番试验，如果有一个客户批评"话太多"时，我就绝对不会录用这个人。其实，这个理由很简单：言多必失，与其自行暴露缺点，倒不如认真择言，因为人们往往欣赏知识丰富，却不吹嘘的人。我们的客户尤其如此。

在你与客户接洽时，要有万全的准备。必须携带公司完备的资料，同时，在心中不断地告诉自己，我们所竞争的同行更优秀，更能为客户提供满意的服务。这就要求你具有充分的勇气和自信，这样，你就能在客户面前娓娓而谈，赢得别人的好感，更能顺利地完成工作。但是，你必须注意的是：不要夸大其词，不要和别人抢着说话。要尊重对方，等他把话说完，你再提出自己的观点。

第1封信　将来的你，会感谢现在拼命的自己

推销服务固然是工作的重点，但切切不可忘记：完善的售后服务才是更重要的，如果因为服务不周，客户对我们有怨言，并且弃我们而去，使我们要不断寻找新客户，这样一来，便毫无效率可言了。虽然找寻新客户也是我们不可或缺的行动，但在损益表上，却无法见到多少余额。所以在开发新客户的同时，也必须注重售后服务，如此才能确保公司的发展及茁壮成长。

服务是企业的生命，只有良好的服务才能使企业更有竞争力。所以要努力于客户售后服务，同时，你也必须与原料供应商方面维持良好的关系。有些原料供应商，目睹我们的售后服务后，在羡慕我们工作效率之余，即使碰到其他的同行以降价引诱，或以暴力威胁，他们依旧不变地向我们供应原料，不会中断。当然，我也希望客户以同样的态度支持我们。

你要把刚开始工作的阶段作为锻炼和实习，不要妄断妄行。在这段时间，你应该尽量小心，但是也不要紧张到草木皆兵的地步。你要注意观察每一个新进职员，就像观察学校的新生一样。同时，注意别人也在戴着有色眼镜看你，一个小小的过失，就会给人深刻的印象。所以，你必须注意你的言行举止。也许这番话会使你害怕，但是也不必太过担心，因为"罗马不是一天造就的"。况且，我写这封信的目的，是给你些建议。

你所受的教育使你可以清楚地知道你的目标是成为一名优秀的企业家。在过去20年，我观察你成长的过程，发现你凡事不会太过强求，是个有弹性的人。但是，你是否能够发现工作的乐趣，就要看你自己了。

人的进步是靠不断地学习，不进则退。你有自主、理想、

有责任感，这些会使你的工作成为生活中的快乐。但是，你也不要忘记，竞争是多方面的，30年后的企业界巨人，也在这个时候，与你一同进入真实社会，投入企业之争。

最后，我还想再说一句，"将来的你，会感谢现在努力的自己"。成功者不可怕，可怕的是他比你还努力。未来企业界的巨人，绝不是出了社会后，便不再鞭策自己努力用功的人。他们只不过是将用功的时间改变，在平常生活中加入适当的娱乐调剂，而夜晚及周末也成为他们用功的时间，就是这样。

由于企业的大小事都要我去拿主意，我没更多的时间陪你，你得自己去不断学习积累。每个做父亲的都希望自己的儿子能成大器，我也一样。16世纪的诗人乔治·哈伯特曾说："一个父亲胜过百个教师。"这句话不是没有原因的。

为了获得生活的食粮，欢迎你来到真实的社会。一年之后，我希望你用最好的成绩向我汇报。成绩反馈的作用不容忽视，然而任何事情都是复杂的，我们并不排除失败的反馈作用。是的，失败会使人丧失斗志，但对一个信念坚定的人来说，失败则往往能激起更大的斗志。当然，这种激励建立在失败所造成的代价之上，管理者只能利用失败，而绝不应有意制造失败。所以，勇敢地去迎接挑战吧！

你的父亲

约翰·皮尔庞特·摩根

# 第2封信
赢在执行到位，没有任何借口

摩根说

　　我最欣赏那些当上司不在时仍然照常勤恳工作的人，这样的人如果把任务交给他，他会欣然接受，而不会问愚蠢的问题。这种人不但不会被解雇，相反会有更好的发展。同时他也不会趁机要求加薪，绩效和利润正是这种人创造的。

华尔街之王智慧格言

1. 对于一个年轻人而言,他所需要的,除了必备的课本知识之外,就是勇往直前的精神和责任感。

2. 成功不会是偶然的,我欣赏的是积极向上的人。

3. 贫困不但让我们无法满足生活上的需要,无法帮助我们的亲人和朋友离开苦难,而且还剥夺了我们乐善好施的品质。

第 2 封信　赢在执行到位，没有任何借口

亲爱的小约翰：

　　读书就要善于从书中汲取营养，书籍是前人智慧的结晶，它可以使你少走弯路。你要多读书、读好书。有一本书我很喜欢，想介绍给你，即《把信送给加西亚》。这本书虽然字数不多，但里面却包含有太多重要的启示，给人以力量，它因此曾经在军队中广泛传阅。到目前为止，这本书已经翻译成多国文字。

　　我相信这本书对你也很有意义。每次提起这本书，总会让我想到书中的那位了不起的人物——罗文。

　　书中记载了这样一个故事：

　　当美西战争爆发时，联邦政府总统必须与古巴革命的领导者——加西亚立刻取得联系。但是他藏身在古巴山区的某个要塞里，没有人知道确切的地点，也不可能用邮件或者电报传达消息。但总统需要得到他的协助，而且是十万火急。

　　在这样的紧急情况下，要怎样做呢？有个人告诉总统："如果说还有人能够找到加西亚的话，那么一定是罗文！"

　　于是，罗文被招来，总统交付给他一封致加西亚的信函。那个名叫"罗文"的男人接过那封信，用油布袋封好，然后塞进上衣左胸的里侧口袋，自始至终一句话也没说。四天后，他趁着夜色搭小船抵达古巴海岸，消失在丛林里。他徒步穿越敌国，成功地送达了那封信，三个星期后又在另一端的海岸出现。

相信自己够勇敢：摩根写给儿子的32封信

这个故事我没必要再多说了，我要强调的是，当总统把那封信交给罗文时，罗文就接受了它，不曾问一句"他在哪里"。

我希望你向优秀的榜样学习，像罗文一样，具有坚忍不拔的精神，为了目标，克服一切困难，勇往直前。因为只有这种人才能成功，成为受人敬仰的人。我们应该为他塑造铜像，置放在每一所大学的校园里，让他成为学子们的榜样。对于一个年轻人而言，他所需要的，除了必备的课本知识之外，就是勇往直前的精神和责任感，唯有如此，才会像罗文一样迅速地行动起来完成任务，才能把致加西亚的信送达。

只要你拥有最起码的想象力，就能清晰地描绘出自己的未来，并且甜蜜地憧憬它。一旦一幅美丽的蓝图生动地被当作你"专心"的主要目标，像罗文一样为之不懈奋斗，那么结果将如你所想。

在生活中，大部分的人都是粗心、愚昧、散漫，除非利用强迫的方式或金钱收买，他们才会为你做事。或者，受到老天爷的眷顾，恩赐你一个天使助手，否则谁都没有成功的希望。如果有人需要众多的人手才能完成大事，一定会对人类的无能感到惊愕，因为他的人手总是不能一心一德，也没有完成大事的能力和希望。但我想你绝不是这样的人，你从小表现出来的品质就是一个有独立精神的人，我相信生活和工作将把你磨炼得更优秀。

为此，你不妨试试看，你现在在办公室，叫几位职员来，随便指定其中一位，拜托他："麻烦你去查一下百科全书，给我一份有关科尔顿的简单介绍。"

第 2 封信 赢在执行到位,没有任何借口

你认为那位职员会回答:"好的。"然后便开始行动了吗?我想一定不会!他一定会一脸吃惊地问一串诸如此类的问题:

科尔顿是谁?
您说的是哪一种百科全书?
百科全书放在哪里?
这事叫查理去做行吗?
他是什么时代的人呀?
这件事很着急吗?
我找到那本书,你自己看好吗?
你想知道他哪些方面的情况呢?

为了目标,克服一切困难,勇往直前。

当你回答完这些问题后，那个职员一定会去找别的同事帮忙，让别人替他寻找科尔顿。要不然就是回来告诉你，找不到科尔顿。或许我的预料有错，不过依照经验法则，我可能不会错的。

如果你更贤明，特别告诉你的属下，科尔顿的首字母是K而不是C，倒不如跟他说："算了，我自己来找吧！"由于这种常见的欠缺自主、愚昧、软弱，真正的"罗文"一直不能出现。一个自私自利的人，你能希望他为全体员工的福利，付出更多努力吗？

也许你需要一位有力的助手，来替你执行更严厉的工作，因为常常需要在周末加班到晚上。你那位充当或许是副董事长的助手用手上的木棍不仅能驱除夜魔，还能让员工老老实实地加班。但如果登一篇广告，征求打字员，十个应征者中会有八九位不知道如何分段，也不会打上句号，而且他们还根本不觉得那有什么重要。

有位工厂的厂长告诉我："你的那位出纳呀……"

"他怎么了？"

"他是蛮有才能的，只是他不常离开公司，到工厂的途中就进了四家咖啡厅问路，光注意找街名，却忘了为什么事而来。"

这种人，你能托付他什么呢？

为了让散漫、不负责任的员工好好地工作，老板必须以身作则、默默奋斗直到老死。为了得到"得力的助手"，他必须弯腰驼背，继续忍耐。对这种老板，我无话可说。任何公司，任何工厂，淘汰那些没用的员工是例行公事，老板必须不停地

第2封信　赢在执行到位，没有任何借口

解雇那些没有才能的员工，然后再雇用新人。我曾经听到一些伤感的同情声，"被虐待、被剥削的劳工"或是"无依无靠的人呀，找一份正经的工作吧"。这样的抱怨都是针对老板而发的。

经济景气的时候，这种取舍都将一直持续，在不景气的时候，态度更应强硬，无能的人只能卷铺盖走路，这是适者生存的道理。因为每一个老板，总是希望留下最卓越的人才，替他"送信给加西亚"。

一个人如果对自己所希望的东西能够有意识地做出反应的话，当环境暗示、自我暗示或自动暗示使他发出下意识的心理力量时，内在驱动会促使他采取行动，积极地去面对工作。

有一个人，他具备非常优秀的资质，却没有为自己创造事业的能力，而且也不愿意帮助别人，他往往是很自私的人。他总是抱着不正常的猜疑心，以为老板对他施加压迫，或者正要施加。他不会下命令，也不准备接受别人的命令，如果你托他"送信给加西亚"，他或许还会这样说："你自己去吧！"

当时，这个人在街上寻找新职，他一家家公司求职，却四处碰壁。知道他的人，不会雇用他，因为他常常煽动其他职员的不满情绪。而且，他还不讲道理，如果要让他对你有印象，除非用高跟的马靴，狠狠地踢他一脚。

这种性格异常的人，是不合群的，我们应该怜悯他吗？但我们不是更应该同情那些努力经营大事业、下班铃响了却还没有休息的人吗？何况他们还必须领导一群无所事事、一无是处、不知感恩图报的员工。如果没有他们，这些员工也将会饿肚子，无家可归了。

相信自己够勇敢：摩根写给儿子的 32 封信

　　成功不会是偶然的，我欣赏的是积极向上的人。也许你会认为我说得太过分了，但事实就是这样。但是面对贫民化的人类，我只想表达对成功者的同情。这些勇敢地挑起没有希望的生活重担的人，督促每个人努力，虽然取得胜利，他们得到的不过只是房子和衣服而已。

　　像我就每天带着便当上班，做我分内的工作。我认为创造财富才是最光荣和有意义的事。贫穷这个东西并没有任何好处，衣衫褴褛不值得称赞，而且所有贫困的人不能都说成是高风亮节，所有的老板也不全是势利鬼。贫困不但让我们无法满足生活上的需要，无法帮助我们的亲人和朋友离开苦难，而且还剥夺了我们乐善好施的品质。

　　所以，我最欣赏那些当上司不在时，仍然照常勤恳工作的人。这样的人如果把任务交给他，他会默默接受，而不会问愚蠢的问题。这种人不但不会被解雇，相反会有更好的发展。同时他也不会乘机要求加薪，绩效和利润正是这种人创造的。

　　这种人的愿望都会被人接受，无论在都市、在乡村，他都是被需要的人。也不论是哪一家公司、商店或工厂，世界上每天都有人在寻找这种人。我希望你发挥自己的能力，力争上游，成为被需要的人。

你的父亲
约翰·皮尔庞特·摩根

第 3 封信

永不放弃：创业如何完成比难更难的事

摩根说

作为企业家，要有坚定的信念永不放弃。不管是伟人还是凡人，都会表现出消极与积极的情绪。作为成功的企业家，他不仅要克服自卑、超越自卑，而且要思考如何做比难更难的事，而且能合理地调节心理承受力，在压力下把事情做好。

华尔街之王智慧格言

1. 企业家必须具有伟大的想象力。

2. 在这个世界上,聪明人不少,拥有绝妙主意的人也多得让人吃惊,但能将其商业化的人却是极少数。

3. 成功的企业家是具备一定的冒险精神的,那是因为他们的本能告诉他们,很多生意往往都伴随着高度的危险性。

4. 冒险能够满足企业家的自尊心,但若违反时代的潮流便会导致危险。

5. 有关自己一生的问题,真需要交由社会大众去决定吗?

第 3 封信　永不放弃：创业如何完成比难更难的事

亲爱的小约翰：

　　前不久我们曾有过一段极有趣的谈话，现在想起来意犹未尽。现在我还想和你再探讨这个问题。也就是上个星期，我们在纽约参加丹尼尔的晚餐前，曾有过的那段极有趣的谈话。其中你对企业家的种种疑问都很有道理，也极难给予一个适当的答复。下面我想告诉你我一个企业家朋友的故事：

　　说起我和他的接触，可以追溯到我辞去普莱斯·瓦特豪斯公司会计师一职的前几年。当时是因为妻子介绍，我才认识了约翰·伯特先生，那时他已经50岁，而我22岁。在我尚未认识他前，早已在几次社交场合中被他个人的魅力吸引住，因为他拥有企业家的头脑。

　　有的人只在他需要钱的时候才工作，约翰·伯特即是如此。但是，他有丰富的知识和智慧，创造出新的产品，同时也会提出新的广告宣传方式。当我与他认识时，正是他一生中某个暂时引退的阶段，那时他手上的金钱已略显不足。

　　当我决定见识企业界另一个鲜为人知的面貌时，并不只是看其结果，更要以行销的眼光观察。所以在我认识他的时候，我便抓住机会打听出他下次出击的时机，并要求参与，而他也答应了。或许他真的是喜欢我茶褐色的眼睛，以及吸引人的笑

相信自己够勇敢：摩根写给儿子的 32 封信

脸吧！要不然我实在找不出其他原因让他接受一个经验不足的年轻人。因为当时围绕在他身边还有好些才智不错的年轻人，也许他认为我更适合他，从而选择了我。

约翰就是这样，他对任何一件事都不会疏忽，一切都在他的眼底。我第一次见识到他稀有罕见的洞察力是某天早晨，我与他在蒙特利尔繁华区的一家餐厅里进早餐时，窗外的人们正赶着上班，有的人迈开大步急走，有的则挤在小小的公车中。约翰总是善于观察，看到拥挤的上班族，他对我说："人们总是一边忙着工作，等到发薪时，一边又会为找寻花钱的场所而到处奔波。假如我们能为他们提供更舒适的服务或改良的产品，我们就会做出一定的事业。也就是说，我们必须发明金钱的另一种用途。"他的这些话对我影响很大。事业成功之门是为那些努力提供更好的商品以及服务的人们敞开，即使是件小东西也无所谓。

正因为如此，我正式踏入一个"创造财富"的世界——企业界。约翰去世时，我不但锻炼成熟，而且获得一个企业家所必须拥有的基本条件。我与他一同开创的企业在他去世后便由他的继承人继承，而当时的我已有能力将这个企业完全购买，并且继续经营。我并不是个反应快速的人，也不是在同年龄企业家当中最出类拔萃的人。但是，从约翰那儿，经过他独特的启发，加上我自己的努力，我才能拥有这家小小的企业。

我为了取得会计师的执照，努力了 10 年，而后却放弃前途在望的资历，转而投入当年年收入仅 14 万美元的约翰·伯特公司。在当时有许多人对我这项决定频频摇头，这些情景仍历历

第3封信　永不放弃：创业如何完成比难更难的事

在目，尤其当时几家大规模的公司聘请我担任会计审查的工作而我拒绝时，在他们看来着实是个疯狂的举动。而今，伯特公司的年营业额已经达到2 500万美元。由此可以看出我当年的选择并没有错。

你知道吗，"企业家"（entrepreneur），有着"企图完成什么"的意味，是由法文的"enrte — prendre"演变而来的，在《牛津辞典》中则指明其为"劳动阶层与资本阶层的中介者"。所以，要成为真正的企业家，从另一方面来说，就意味着要不停地去创造。

企业家必须具有伟大的想象力。对于任何事件，他都能够找出答案，在他的字典中没有不能解决的问题，也没有不能实现的事业，他的思考结果往往是别出心裁的，即使是面对相同的事件，也能有新的方法完成。这种避免落入企业界标准思考模式的本性，就是成功的主因。

要勇敢地面对一个新事物。作为企业家，要敢于做新的尝试，不要害怕失败。如果凡事都只想到失败，或只想到必须成功，而没有正确的思想准备，都是不好的。世界上比我们伟大的人很多，如果总是害怕技不如人，不敢去竞争、去面对失败，那这世界就不会如此丰富多彩了。

企业家同时也是个伟大的人性观察者。你要注意观察和发现。你想，快餐连锁业的成功，也只不过是将小小的汉堡商品化而已！百货连锁业的成功，不就是把小小的杂货店的经营范围进一步扩大吗？

平时你要自己多动脑并参考别人的思想，企业家所运用的策略有许多并不是他本身的构想。在这个世界上，聪明人不少，拥有绝妙主意的人也多得让人吃惊，但能将其商业化的人却是极少数。可是，企业家就应该具有这样的能力，从构想萌芽的阶段到向消费者推广的阶段，应当在极短的时间内完成。他们之所以能做得如此快速，那是因为企业家们喜欢自我创业的缘故。

对一个优秀的企业家而言，行销委员会、商业幕僚、顾问团，这些讲究理论者都没有存在的必要。当然像将石油公司从倒闭危机中重整旗鼓的洛克菲勒，这种超级的经营者则另当别论。大公司中必然有许多企业家，但有更多的企业家不为人所知，他们仅仅努力于埋头做好自己应该做的工作，也就是为自己的事业默默奋斗。

有许多人拥有特殊的点子，但却无法使之成为赚钱的事业。下面有个我常说给别人听的故事，也是一个很好的例子，相信你一定很有兴趣：

有个老人在纽约的郊区经营一家热狗店。生意出奇的好，老人卖的热狗的名声早已传遍很远的地方。老人竖立"全国第一热狗"的广告看板，远在几里外便能看到，因而吸引了来往车辆的注意，纷纷来到这儿，想要尝尝"全国第一"的热狗。当顾客来到时，这位老人必然站在门口迎接他们，老人微笑的脸庞，热情的招呼，一句"不要说你只要一个，尝尝两个吧！这真是相当可口美味的食物噢！"往往使顾客食指大动，不得不赞同老人的意见。

第 3 封信　永不放弃：创业如何完成比难更难的事

刚出炉的金黄色面包，加入香脆的泡菜，风味绝妙的芥末，煮得恰到好处的洋葱，再由满脸亲切笑容的服务生奉上，顾客们每每舔着嘴唇说："我从来不知道热狗竟会这么好吃！"当顾客离开时，老人又送他们到车前，并向他们挥手致意："请你们再度光临，我的热狗需要你们的支持，在店内服务的年轻人也必须赚取他们的大学学费。"如此亲切的服务，使得顾客频频光临，并介绍许多顾客远道而来。

老人有一个在哈佛大学学习管理学的儿子，有一天，他儿子以经济学博士的资格回来看望父亲。儿子看了父亲的经营方式后，便提出他的意见："父亲，这是怎么回事？难道您不知道现在正值经济衰退时期吗？现在我们要做的是削减成本，不必再竖立广告招牌了，可以节省宣传费用。雇用两个人就可以了，如此便减少四个人的人事开销。爸爸您也不要再站在道路两旁浪费时间，应该在后头调理佐料。另外，请供应商供应我们便宜的面包和热狗就好了，泡菜也不需要用这么好的原料制作，至于洋葱则可以不要。您知道吗？为了度过这段不景气时期，就必须削减一些经费。"

这位父亲相当感谢儿子的建议，因为有个学历这么高的儿子着实不容易，对他的意见也丝毫不曾怀疑过正确与否。广告看板被卸下来了，老人也一直在厨房中料理那些便宜的佐料，只留下一个服务生在外头招呼。

几个月后，儿子再次回来，并询问生意如何。父亲望望以往络绎不绝停下车的前庭，再看看道路上疾驶而过的车辆以及空旷的店面，对儿子说："你说得对，现在经济真是不景气！"

通过上面的故事，不知道你是否领悟了什么，我相信你一定可以了解到：这个老人本身就是个企业家，但是他的才能却有个界限。

信念是成功的基石，作为企业家，要有坚定的信念永不放弃。不管是伟人还是凡人，都会表现出消极与积极的情绪。作为成功的企业家，他不仅要克服自卑、超越自卑，而且要思考如何比难更难的事，能合理地调节心理承受力，在压力下把事情做好。

在实践中，他还非常了解客户的要求，也具有企业家最基本的资质，唯一缺乏的是坚持自己信念的勇气。如果你坚持自己的信念，相信谁也无法动摇你的事业。企业家必须具有确实追求成功的执着与坚持的性格才行。否则就会像我说的那位老人一样，因为没有自信而失败。

同时，企业家的直觉也很重要。企业家在决定方针时，倘若没有一个依据，就只能凭着自身的直觉了。但是，这种直觉只能限于某个特定的领域，例如为了抓住消费者的心而选择的商品包装。广告媒体、行销路线等等，都可以利用自身的感觉。

但是，企业家绝对不会忘记广告回函以及直销策略的效果，因为这些方法也造就了好些百万富翁，例如拥有石油帝国的洛克菲勒。在销售商品时，作为企业的决策者也需要行销部门有效的支援，不应像其他呈休眠状态的公司，消极被动地等待客户上门，而应以别出心裁的方式进军市场以确保成功。

在试销时期，企业家往往会亲自前往试销市场，看看自己的新产品或服务带给顾客什么样的反应，不论是肯定抑或否定，他都希望能直接得知，甚至还有人将顾客的反应录音下来以便

第3封信　永不放弃：创业如何完成比难更难的事

做个彻底研究，这与运动比赛时的录像有诸多相同之处，在边听边看的过程中求进步。企业家固然观察敏锐，但也无法通晓所有的知识，只有得知客户的反映才是真正重要的。若一味逃避反对的声浪，是件相当愚蠢的事，而这些经验也是企业家经由多年的辛苦、失败的教训中学习而来的，虽然企业家必须具有坚强的意志，但也应该有个弹性的商业头脑。这些组合，是一个成功企业家不可欠缺的素质。

企业家还要具有衡量自我危险的特殊能力。成功的企业家是具备一定的冒险精神的，那是因为他们的本能告诉他们，很多生意往往都伴随着高度的危险性。事实上，很多人也很了解，无论经过怎样的精密设计都可能会遭遇到失败，但企业家却可以无视这种危险，继续进行他的探索、实验。企业家以兴奋、紧张、竞争为其生活食粮，等克服种种困难后，仅以几分钟的时间品尝胜利的果实，然后又一头栽进另一个全新的项目上。

企业家在分析新计划的危险性时，会呈现出超出常人的头脑。他能发现容易产生问题的部位，并将所有的力量集中在这一区域，倘若有适合的人或公司能够做有效的支援时，他会排除万难，取得资助，将危险性降至最低。如果在计划实施过程中遇到瓶颈，一时无法解决，他也能提供一个新方法取代，这是毫无疑问的。

他不断地在做可行的计划，"不为打翻的牛奶哭泣"，总会有更多的地方可以去奋斗、去尝试，为事情的发展准备很多可能或考虑更多的计划。一旦这个计划失败了，马上可以进行另一个新计划，才不会有断炊之虞，也可确保资金的安全。他会极力避免倒闭、破产，抑或上法庭等情形发生，他绝不允许自己再回到以往粗茶淡饭、为一日三餐而忧虑的日子，所以必须事事小心，警惕自己。

亚里士多德说过："失败之路比比皆是，成功之道却只有一条。"企业家如何实现他们的理想呢？他们能够正确地判断某个计划所投资的资金该有多少，若是这份资金超过自己所能负担的数目，成功率不大时，他们多会由以下三种行动中选择一项：一、要求大家投资；二、筹措一些资金，甚至运用专门的技术知识；三、如果有人响应，他就会直接将构想卖给其他人，倘若无人反应，他会干脆放弃这个计划。所以，企业家必须具有相当的决策判断能力才行。

并不是所有的企业家都能够成功，有些企业家的典型特质给企业的发展造成了不利因素，有些企业家急于获得成功，快速地进行计量的设计。但是，欲速则不达，有时候由于行动太过急躁，反倒造成服务或商品品质有所差失，抑或疏忽了商标的确立，触犯了政府的法令，因而导致失败。这些人由于没有充足的资金，银行也不愿贷款给他们，更没有友人愿意支持他，这样一来，他极难再有翻身之日。

成功的企业家与成功的实业家之间的差别微乎其微。两者虽然大致相同，但企业家的性格中，有着显著的激进、冒险以及大胆等特征，而且不会固执于过去的经营方式。然而两者同样必须了解顾客的要求以及市场的倾向。你要常常接触市场，做正确的评估，胜利便在望了。

冒险能够满足企业家的自尊心，但若违反时代的潮流便会

第3封信　永不放弃：创业如何完成比难更难的事

导致危险。一位被誉为真正企业家的人，绝不会因为遭遇困难而埋怨周围的状况，他也很容易将以往的失败忘记，继续满足新的冒险欲望。成功了，也只不过是得意几分钟而已，而失败却只是短暂的哀叹，这才是一个真正企业家的可爱之处。

企业家的个性也非常重要。在工作上、生活上，企业家一向只走自己的路，做自己喜欢的事。就如我最尊敬的企业家克劳多·霍布金斯曾经将自己的孤独癖好精辟道出：

我经历过比资金、事业更重大的紧急事件。而每当这些事情发生时，常常就只有我独自一人面对严重的事态。此时必须由我自己下个决断，而这个决断往往会遭受众人的反对。在此之前，我曾做过多次的尝试，但每每被友人嘲笑和指责。无论是幸福、金钱、满足感，甚至最大的胜利，几乎都是沐浴在全世界的冷嘲热讽下获得的。我曾经为了这个现象，尝试找寻一个合理的解释。我发现一个总被别人说好的人往往并不是个成功者，因为一个真正达成目标的人，真正获得幸福的人，甚至真正拥有满足的人，在这个社会中极少出现。由此看来，有关自己一生的问题，真的需要交由社会大众去决定吗？

克劳多·霍布金斯在他一生中几次伟大的行动，皆是在众多友人嘲笑及反对中完成的。诗人威尔吉鲁斯曾说："命运帮助勇敢者。"人人都希望自己拥有财富和勇气，其中，财富可以任意使用，但勇气却不能，因为英雄式的投资者，往往会招致破产的下场。所以，谨慎运用你的才能吧！

相信自己够勇敢：摩根写给儿子的 32 封信

还记得下面这首诗吗？这首诗中充满了企业家所应具有的勇气，是我在好几年前收藏起来的。

人们都在埋头奋斗 / 而我更仰望天空
那里有我的憧憬与梦想 / 目标仿佛遥不可及
可是我相信 / 总有一天我会到达理想的殿堂

我为我的目标努力和思考 / 并积极行动
再寒冷的冬天 / 也无法阻挠梅花的开放

因为我坚信 / 人生要面临众多的困难
我会一一解决 / 再大的艰难
我也毫不退缩和颓废 / 我要创造不可能的奇迹
我要超越我伟大的先辈

在思想的王国我是如此的高大 / 可是我会脚踏实地地行走

很熟悉吧？也许你已经忘记了，这是你中学时代写的。12岁时的你就具有了独立的精神、乐观的个性、弹性的思想，即使被人打倒在地，你也必然会勇敢地站起来再次战斗。对此我感到欣慰。

你的父亲
约翰·皮尔庞特·摩根

第 4 封信

看得远,就要懂得诚信的珍贵价值

摩根说

企业界是个相当狭窄的世界,骗了这个人后再骗那个人,他的企业生命力必定不长。况且,欠缺诚实的行为必定会招致不良后果。所以不必去担心他的人格,你必须注意的是你自己的品格,这才是最重要的。

华尔街之王智慧格言

1. 要取得他人信任,你必须运用各种知识,这些知识便是你的安全装备。

2. "失败"和"暂时挫折"是不同的。那种常被人们视为是"失败"的事情,事实上仅仅是暂时性的挫折而已。

第 4 封信　看得远，就要懂得诚信的珍贵价值

亲爱的小约翰：

　　困难不应该是成功的阻碍，而应该是推动你前进的动力。从你的报告中我已经知道，你和客户的契约失败了，对此我感到很遗憾。同时，我也了解你对这份契约的期待和努力，费了那么多精神却没有得到成功，的确令人沮丧。

　　也许你会为了这个原因记恨对方。但如果你这样想的话，不但于事无补，反而使自己蒙受更大的损失，因为这样会使你烦恼而情绪低迷。你千万不可因此而消沉，甚至丧失你平时的乐观和热忱。

　　失败并不意味着不幸。在这个现实社会中，经过一段时间的历练后，你就会明了：这个世界上能完全信赖的人真是非常有限，在你面对其他人的时候，心中要有所戒备。要取得他人信任，你必须运用各种知识，这些知识便是你的安全装备。这里所谓的安全装备，可用各种形式来表现。

　　初次和陌生人打交道，要尽量多了解对方，探查他的背景，因为一般人往往是依照原有的习惯行动的。不守游戏规则的人，必定已经行骗多次，或伤害过别人的感情。而在感情上曾经被他人伤害过的人，在心中多少会留下些微的复仇心理，而且这种观念早已残留在他的记忆中。面对这种客户，你必须花些时间调查才行。

另外,你必须常常以个人的知识,努力地进行售后服务。从客户的立场来讲,公司对他们的影响极小,他们并不是直接与公司面对面进行商谈,而是和你个人来往。假如你确实做好了售后服务,使得客户对你产生信赖,这样他们对公司才会有信任,他们也才会确信契约将顺利履行。可以这么说:优秀的员工、最好的设备、有效的经营方法也是引起对方注意的方法之一。

在未来的工作中,你应该将那些你曾经有过的尝试当作经验。就算你以几十年的时间弥补这桩失败的契约吧!拿清醒的双眼调查背后的原因,你会发现一个或两个(也许更多个)相同的情况。当再次发生同样的事情时,你就能用不同的态度、方法处理得恰到好处。

一个贤明的人,从失败中所得到的教训,必然多于从胜利的喜悦中所得到的。

你要知道,这桩失败并不会伤害你的品格。你也并没有危害到个人或公司的信用。当然,假如真有这种情形,你一定更加难过,而我也会给予你相当的惩罚,这点相信你必然明白。

你具有诚实的人格,而对方却没有。这种人能在企业界长期存在的可能性,我很怀疑。

企业界是个相当狭窄的世界,骗了这个人后再骗那个人,他的企业生命力必定不长。况且,欠缺诚实的行为必定会招致不良后果。所以不必去担心他的人格,你必须注意的是你自己的品格,这才是最重要的。

诚实的人,总会有诚实的回报,也许你现在或短时间看不到,

第4封信 看得远，就要懂得诚信的珍贵价值

但最终因自己的品质建立起来的价值却是无法估量的。一个诚实的人，必定具有端正道德的生活态度，也就是说，这种人在日常生活中所表现出来的是认真、正直和坦率。对企业界而言，这种品质就是促使永久性成功的生命力。不诚实履行与客户之间的契约，在短时间内想获得一大笔金钱的确容易，但是从长远来看，那真是奠定企业失败的基础。

无论如何，绝对不要给对方一个不诚实的印象。从这次与客户的合约来说，你的确是被人欺骗了，在你想发泄这股怨气

企业界是个相当狭窄的世界。

相信自己够勇敢：摩根写给儿子的32封信

的同时，或许也想欺骗他们吧？这是人之常情，我并不怪你有这种想法。对于自尊心来说，用我们相同的遭遇来伤害其他人，或许是得到了补偿。但如果你这样做的话，你的损失就更大了！因为，在这之前，你并未损失什么，那契约原本就是不存在的。如果只为了契约失败而生气，甚至采取冲动的报复手段，那你不就损失更多了吗？经过这件事，也许你认为自己失败了，可是，我要告诉你，"失败"和"暂时挫折"是不同的。那种常被人们视为是"失败"的事情，事实上仅仅是暂时性的挫折而已。

这种暂时性的挫折会使我们重新振作起来，让我们转向其他方向——比以前更美好的方向。所以，它其实是一种幸福。

无论是暂时性的挫折还是逆境，你都要把它当作是一种教训，一种持久性的教训。这种教训不容易得来，是除挫折以外的其他方法所不能获得的。

有了这次的经验后，你对以后来往的客户的人品，必定会有所注意。这不正是你这次努力的最好报酬吗？换个角度来看，我可以就另外的观念看看这桩事件。如果这个契约成立了，你会有什么问题呢？能跟这种品格低下的人断绝任何来往不是件好事吗？这么看来，这个没有签订的契约并不是个失败，相反，你应该把它当作是幸运！

你的父亲
约翰·皮尔庞特·摩根

第5封信

爱读书的人,运气总不会太差

摩根说

　　要想通过读书来磨炼经营的手腕,最重要的是博览群书。历史是人创造的,是以人为主题的,不仅如此,即使是医学、投资、饮食疗法、运动等,每一本书都代表了人的思想、行为。所以,从现在开始能够多读书是最好不过的。

华尔街之王智慧格言

1. 如果你能够花费时间和精力去读书，比起不看书的同辈，你就能够站在更有利的出发点上。
2. 虽然多读书是好事，但要有选择地读。
3. 历史是一本最刺激、收获最多、最让人快乐的故事书。
4. 要想通过读书来磨炼经营的手腕，最重要的是博览群书。

第5封信　爱读书的人，运气总不会太差

亲爱的小约翰：

读书的道理在于学习，你要"从别人的错误中学习，因为你没有时间去体会所有的过失"。

从他人的经验中学习，活用他人的优点。在处理各种事情时，也要多吸取有经验的人的意见。

世界每时每刻都在前进和发展，但是，关于企业经营的种种决策，几乎一直是在不断重复的，从书本上就能够学习。如果你能够花费时间和精力去读书，比起不看书的同辈，你就能够站在更有利的出发点上。

我们每天仿佛都在接触很多新的东西，但是，其实很多都是在重复。我刚才说过，在这个世界上，新的东西并不多，我总认为人的一生大部分都在重复，有一本书最能证明这一点，那就是《巴德雷特的常用引句集》。

这本来自《圣经》中有关人生考察的书，网罗了古今中外的所有思想。在众多的名言里，你一定听过中国的孔子在公元前500年就说过的话："不要和比自己差的人交朋友。"希腊的伊索在公元前550年也曾说："不知道自己无知的人，比无知者更可悲。"

巴德雷特这份手记一直流传到现在，经过好几个世纪，传达给我们先圣先知的思想和看法。我们都生活在历史的某一点

上，每个人按自己的意志或方式生活着，这些名人也一样。如果能知道这些思想家曾经有过的想法和苦恼，我们的问题就会变得微不足道。至少，借助经验者的观察，我们的问题会变得易于解决。

一个人的一生里，从读书的影响来说，我觉得自己好像活了几十次。这并不是我自以为优越，而是我感觉自己更能有效地使用时间。

这件事真正的意义在于，我们生在这么闭塞的小社会，不要期望太高，也不要抛弃希望，实际体验外面的世界，借着书本让自己更有智慧，为那些无缘阅读的人感到难过吧！对于人生你能懂得多少？又有多少人懵懂地逝去？

虽然多读书是好事，但要有选择地读。有的人看的书不少，但他看的几乎全是小说，只看小说显然对自己的帮助并不大。小说虽然可以在闲暇时间作为消遣，但我们没有太多闲暇时间。他们说看小说比较轻松，显然是为了消遣。而很多人把读书当作一件工作，奇怪的是，我在阅读有用和专业的书时一样感觉到了轻松。这个世界上该学的事其实很多，我认为有更多的事比看小说更有意义，我不愿意把自己宝贵的时间浪费在欣赏别人的白日梦上。

"到目前为止，人类的知识并没有超出人类的经验领域。"这是约翰·罗克说过的话。对此我也有同感，同时我还有其他看法，我以为，吸收别人的经验能扩大自己的视野。亚伯拉罕·林肯渴望做总统时，有人批评他不适合做总统。但是，他却不在乎自己贫乏的经验，最终成为一位坚强的总统。他肯付

第5封信 爱读书的人，运气总不会太差

出努力，我认为成功就是理所当然的事了。我还知道这样一项事实：当他还只有14岁时，就把图书馆藏书全部看完了，是书本给予了林肯睿智的洞察力，让他得以面对从未经历过的各种世界性问题。

历史是一本最刺激、收获最多、最让人快乐的故事书。它让我们感受到富兰克林、华盛顿等人的睿智，包括《圣经》里的故事、中国的孔子有关社会和人的思想，以及很多精彩的英雄人物克服了无数的苦难才走向成功的例子。和前人相比，我们大多数人的努力远远不够，甚至微不足道。但是，若想继续

虽然多读书是好事，但要有选择地读。

我们的人生之旅，就得先从跨出第一步开始。你通过看一本有价值的书，自然就会朝着正确的方向迈进。

我们只能凭想象来了解他人为了解决问题而如何绞尽脑汁，想实际去体验却近乎不可能，但是书本却能办得到。书本使我们的心胸开阔，促使我们思考本身存在的理由，鼓励我们向往美好的生活。

要想通过读书来磨炼经营的手腕，最重要的是博览群书。历史是人创造的，是以人为主题的，不仅如此，即使是医学、投资、饮食疗法、运动等等，每一本书都代表了人的思想、行为。所以，从现在开始能够多读书最好不过。

如果你想提高经营水平，唯一的途径，就是读书，从书中寻找智慧来提高自己。关于经营方面的书籍，你不妨去请教你的大学教授。他们手上有最新的情报，譬如谁出了什么好书，或者谁写了精彩的论文等，他们会是你最好的顾问。根据我的经验，我相信他们会乐于给你提供帮助的，你去尝试吧！

最后，记住圣汤玛士·阿奎那斯的名言："小心只看一本书的人。"

我想，大概是因为这样的人思想比较狭隘吧！我也相信你绝不会是这样的人。

你的父亲

约翰·皮尔庞特·摩根

第6封信

拓展人脉,做生意从交朋友开始

摩根说

友谊与事业的关系非常大。从某一个角度看,两者之间密不可分,相互影响;但是换一个角度看,可能一点关系也没有。因为友谊往往隐藏在"金钱"的复杂关系中。

华尔街之王智慧格言

1. 最诚挚的友谊是从互相认识与了解中开始的。

2. 世界上没有任何一件事能比三五个知心好友欢聚一堂而使人感觉到更高兴的了。

3. 人与人在交往过程中,往往要在一方成功、而另一方失败的时候才能显现真正友谊的珍贵。

4. 真正稳固的友谊是建立在宽阔的心胸之上,能诚恳地依赖、分享、施与、接受,享受一方的喜怒哀乐。

5. 结交朋友时,观点是否一致并不是交朋友的重要因素,而是在于你是否尊重对方的想法。

第 6 封信　拓展人脉，做生意从交朋友开始

亲爱的小约翰：

　　在交友方面，有很多话我想对你说，因为朋友往往对自己的影响非常大，甚至关系到你的事业成就。以人的特性而言，在友谊交往中，你所想交朋友的人，自然地被他的善意所吸引。但是没有一件事比与没有吸引力的人培养友谊更令人感觉到空虚乏味，挫折感肯定接踵而来。最麻烦的是有人想和你交朋友，但是你却对他全然不感兴趣，你也不能以不友好的态度对待他。如果那个人想要和你做朋友的心意是纯真的，表示他可能被你某些独特的气质所吸引而想亲近你，你千万不要责怪他的方法不够高明，其实他只是企图成为你亲密的朋友罢了！

　　最诚挚的友谊是从互相认识与了解中开始的。建立人与人之间的彼此关系：第一是夫妻关系；第二是同子女的关系。与自己的子女和谐相处是非常重要的，我希望你将来能处理好你和子女的友谊，你也应该能；最后是你和父母以及你的姻亲之间的友谊。我之所以说希望，是因为不得不提醒你世上很多悲剧的造成，往往就是丧失了因血缘关系或者婚姻关系而产生的友谊。这种最亲密而宝贵的友谊是需要经常培养的，对家人以外的友谊更需要如此。

　　从某种意义上来说，友谊与事业的关系非常大。从某一个角度看，两者之间密不可分，相互影响；但是换一个角度看，

可能一点关系也没有。因为友谊往往隐藏在"金钱"的复杂关系中。你会在企业界遇到各式各样的人,换句话说,你将会接触到属于你那个社会中具有代表性的人:工厂的从业人员、客户、进货的对象、交易的对象、政府的官员,还有其他在工作范围以外见面的人,如邻居、教友、店员、俱乐部的会员、汽车修护人员,以及钓鱼时的伙伴等,有数不清的人在与你交往,虽然这些人不一定都会成为你的密友,但是大家在某个程度内仍算是朋友。

有人说:"一天不结交新朋友,就等于减少了一天的生命。"我觉得很有道理。产生友谊的方式很多,假设我们和某人第一次见面,经过打招呼、聊天而产生友谊,从"我们哪天一起吃午饭好吗"的话语中开始互相交往。假若你没有真正的诚意,请不要信口招呼你的朋友。

交朋友是很好的事,圣人具有独特的见解。中国的孔子曾说:"无友不如己者。"意思是说,应该结交道德水准和我们相近,或者超越我们的朋友,这样才能使我们更进步。因为经过益友的言行举止等方面的熏陶,可以引导我们向善、向更好的方向发展,而逐渐远离人类那些自私、卑鄙、胆怯等弱点。

你仰慕、尊敬的人如果善意地和你交朋友,自然会使你产生充分的自信心,因为这时他也尊敬你,喜欢你,他将你视为谈心的对象、知心的良伴。世界上没有任何一件事能比三五个知心好友欢聚一堂而使人感觉到更高兴的了。

在日常生活里,我们经常灵活运用的智慧仅占所有智慧的一小部分,而大部分潜在能力仍在休眠状态等待开发。唯有与

第6封信　拓展人脉，做生意从交朋友开始

才气焕发的友人互相交谈，才能刺激我们的智慧，从而使我们的人生更加光辉灿烂。你也可以尝试自我开发内在潜力，例如，通过多读书、多交友来达到目的。

在人生的际遇中，得意或失意是在所难免的，但是唯有真正的朋友才能分享我们的成功，分担我们的痛苦。威廉·欧斯拉特有一句至理名言："青年人追求幸福的历程中，友谊的帮助是不可缺少的一环。"

对于朋友来说，根据我个人多年的观察，可以共患难的朋友不少，但是能共享成功的朋友却不多。所以，我认为知己就是能够衷心为你的成功而高兴的人，并且能够时常鼓励你："好棒啊！""再做一次吧！只要你有决心一定会成功！"等等。人与人在交往过程中，往往要在一方成功、而另一方失败的时候才能显现真正友谊的珍贵。无论是多么亲密的友谊，哪怕是婚姻关系，也常常因为无法忍受一方的成功、另一方失败的考验而崩溃，更别说那些泛泛之交了。

朋友的选择，往往是那些有良好的性格、良好的伦理道德观念、廉耻心、幽默感、勇敢、自信的人，这才成为大家竞相追求成为知己的最佳人选，但是成功的机会却十分稀少。知己难寻，你一生里能有四五个知己，就算很幸运了，即使最后五个知己中失去了其中一两位，你仍算是很幸运的。

怎样才能维持长久而稳固的友谊呢？实在没有一个很正确的答案，但是依我个人的观察，大部分的所谓知己朋友，他们都有相似的好恶；在性格方面具有诚实、忠诚、讲求信用、重视社会生活的基础等共通性。我认为真正稳固的友谊是建立在

相信自己够勇敢：摩根写给儿子的 32 封信

宽阔的心胸之上，能诚恳地依赖、分享、施与、接受，享受一方的喜怒哀乐。真正的朋友体现在互相帮助上：当朋友有烦恼时，能适时地给予同情；当朋友犯错误时，能给予适当的规劝；此外亦能在适当的时机，给予朋友鼓励和称赞。即使有一方喜欢古典音乐，而另一方却喜好爵士音乐，也不会影响真正友谊的存在。总之，知己难求，应该好好地珍惜。

友谊像鲜花一样，也需要雨露的浇灌。为了维持良好的友谊关系，你必须伸出温暖的双手，拨出你空余之时，多体贴、多关心你的朋友。纵然只是一个电话、一次短暂的倾谈，也能表达你无限的关怀。所以，为了避免变质、变坏，友谊是需要培养的。总之，友谊需要保养，就像牧场的栅栏，必须时常关心它，否则珍贵的友谊，将会因为你的疏忽而丧失殆尽。

但是，朋友之间不一定要观点一致，好朋友也往往会有分歧。我和新朋友谈话，讨论有关人生的问题，虽然观点往往不同，但是从来没有感觉不快乐。因此，结交朋友时，观点是否一致并不是交朋友的重要因素，而是在于你是否尊重对方的想法。此外，你也可以在结交新朋友的时候和新朋友讨论并交换心得，从而激活你的思想，提高你的人生价值观，丰富你的人生。

在家里，我虽然是你的父亲，但在工作和学习中，我希望你能够将我视为一个知己、朋友，当你得意时会向我炫耀你的成绩；当你失意时，也会向我倾诉你的烦恼。

你的父亲
约翰·皮尔庞特·摩根

第 7 封信

结婚是最大的投资,婚姻是一辈子的事

摩根说

作为过来人,我仍然不得不这样对你说:绝不能把婚姻视为儿戏草率地决定,否则随之而来的惩罚将是离婚、精神痛苦,而在大多数的时候更将是"存款金额的锐减"。

华尔街之王智慧格言

1. 虽然说"美是肤浅的",但是若有一位内外皆美的娇妻,每天看着她也是人生一大享受吧!

2. 欲说服佳人点头,不仅要打动她的芳心,更要动点脑筋,计议一番。

3. 女人往往对于沉着稳重的男人难以抗拒。

第 7 封信　结婚是最大的投资，婚姻是一辈子的事

亲爱的小约翰：

　　孩子，你的终身大事是我最关心的问题之一，所以，在此我不得不饶舌说上几句。父母都希望你有美满的婚姻，可是我听你向朋友谈起打算结婚之类的话，总是不禁莞尔。

　　我实在无法笑着听你说"我好像也该结婚了"这类的话。你并不是指某个具体的时间或可行的计划，而仿佛一说就是要马上结婚，当你说这样的话的时候，我的心忍不住为之悸动：你为什么会有结婚的念头呢？该不会是因为朋友们相继结婚，你也凡心大动吧？或许是因为结婚正在流行，你也要赶时髦？

　　马丁·路沙说："再没有比一桩幸福的婚姻更美好、更充满友谊与魅力的事了。"你老爸也深有同感。追求爱情是你们年轻人的权利，但是，结婚务必要慎重考虑。从某种意义上说，婚姻是一种缘分的结合，但是决定这件事的结合力，唯有在要发动时才能发动，它不会自动地产生。也许我这样的话你会认为很过时或认为我不解风情，但是作为过来人，我仍然不得不这样对你说：绝不能把婚姻视为儿戏草率地决定，否则随之而来的惩罚将是离婚、精神痛苦，而在大多数的时候更将是"存款金额的锐减"。

　　尽管你尚未体会到做父亲的对儿女的情感，但是我必须告诉你，夫妻之间的感情可能会遗憾地冷却，但是父母对于子女

的情感却绝不会削减,一旦离婚,这必定会对自己及子女造成相当大的痛苦。

我们家族是做企业的,所以,以经商的想法做比喻:结婚是人一生中最重大的投资。这可以从两方面来说:一、幸福的婚姻是人生的重要支柱;二、不幸的婚姻所招致的损失将是非常可怕的。为了解决一个不幸的婚姻,经常要牺牲半数的财富,甚至必须支付数年的赡养费,还有就是严重的精神上的伤害。

我觉得现在的年轻人对于结婚所采取的态度似乎过于草率。我们经常听人说:"既然合不来,干脆离婚算了。"眼见如此美好的大事被轻率地处理,实在令人感到悲哀,而看到离婚后所带来的无限苦恼,更是令人痛心。

很多人对待婚姻就采取了谨慎的态度,从此展开幸福的婚姻生活。他们的秘诀是什么?就是在他们的结合中,不仅包含着互敬互谅,还包含了一定要使婚姻生活美满的坚定决心。幸亏你在挑选未来的妻子时倒是挺沉着的。因为你的性格好,人品也不错,有其父必有其子嘛!如果能够善用上苍赐予你的这些优点,我确信你必能在结婚事业上作相当出色的投资。

至于这个投资对象应该具备何种条件,你可能会征求我的意见,或许不会,但最主要的是要你自己去郑重选择。如果你没法正确抉择的话,我可以告诉你:她必须是温柔、讨人喜欢的女孩。你最好仔细观察她是否有卑劣、善妒的个性,因为这种个性势必会引发日后的轩然大波。不要接近喜欢说长道短、搬弄是非的女人。对于贪婪的女人,要如逃避瘟疫般地敬而远之。

在你选择了你喜欢的人后,今后你就将与那位幸运的少女

第7封信　结婚是最大的投资，婚姻是一辈子的事

共度一生，所以我盼望那个女孩最好是位绝代佳人。虽然说"美是肤浅的"，但是若有一位内外皆美的娇妻，每天看着她也是人生一大享受吧！

如果那个女孩既聪明，又知书达理、能与你共经风雨，并能以真正"合伙人"的身份与你平等地交换意见，那我劝你尽快把她娶回家！一旦婚姻投资得当，你的事业也将随之迅速地达到高峰。我实在无法想象还会有其他事情会有如此的威力，因为再也没有比为了要与一位好妻子配合步调所做的努力更能够提升自己的价值。

我给你的其他参考条件还包括：那位女孩是否勤快？是否讲卫生？她的梳理台是否经常杯盘狼藉？有没有幽默感（最好有）？如果你已经找到了一位迷人、有气质、聪明伶俐的伴侣，那么你总是能占尽天下所有的便宜，对于她的一些其他方面的小缺点，就不要吹毛求疵了，因为本没有十全十美的人。只要她具备了这三项重要的条件，你婚后大可泰然地过日子了！不过，将来面对无法避免的危机时，还是应该秉持互敬互爱的信念，共同去处理问题。如果你们有了真正的爱情，并以婚姻的形式固定下来，那么就应该共同珍惜。

有一点我还想和你讨论，那就是当你看到朋友的妻子，是否曾在心中闪过"如果我的婚姻投资对象是她该有多好"这类的念头？如果真有这种念头，我劝你还是少和她碰面为妙，以免造成无谓的纠纷。你应当自己去寻找理想的伴侣，而为了知道对方是否适合自己，不妨做一番调查和分析，即使是结婚前一刻，你也要扪心自问："是否忽略了'更好'的投资对象？"

别忘了常言所说的"婚前要睁大眼睛,婚后则要睁一只眼,闭一只眼"。

如果你在调查中发现了一颗钻石,千万不要忘了"懦弱绝不能掠获美人心"这句名言。我有一些小方法要告诉你:欲说服佳人点头,不仅要打动她的芳心,更要动点脑筋,计议一番。为了她,你可能发生有口难开、喝汤溅了一桌、不凑巧地撞上电线杆,或是无缘无故地茶不思、饭不想。而当你无法抑制心中小鹿乱撞时,也就是命运之神作弄你的绝佳时机。因此,尚未明白对方对自己的心意之前,最好放松自己的心情,泰然地面对她吧!女人往往对于沉着稳重的男人难以抗拒。当一位较特殊的女子出现时,如果你不想约会就互道再见,请将这件事谨记在心。

在你对婚姻对象做了选择之后,你必须设法做一张"资产负债表",将家庭时间及工作时间按适当比率妥当分配。偏向任何一方都是不健全的做法。特别要注意的是,不要因蜜月旅行一结束,就将工作的比重加大。虽然我们的工作是追求"万能"金钱的工具。如果你能实践我在此信中所说的大部分的话,相信慈爱的主与无数的幸福,将会簇拥着你,走向美满的婚姻大道。

孩子,我们庞大的家族事业和财富要你继承并发展,所以你的婚姻是否幸福更有另一种意义的重要性。你的婚姻是否幸福不只关系到你自己,更关系到我们家族未来的前途。

你的父亲
约翰·皮尔庞特·摩根

第8封信

你的身体，是一切美好的开始

摩根说

　　在被一般人所接受的现实社会里，追求身体健康的确是一件不容易的事情。维持健康的生活习惯必须具有强烈的自制能力，这就是要加强自己的思想意识，杜绝不良习惯。我希望你在年轻时就能重视这件事。

华尔街之王智慧格言

1. 生活虽然会对我们造成很大的压力,但压力却是有人类以来出现并存在于日常生活中的要素。

2. 每个人都有不同程度的压力,主要靠自己去缓解,甚至把它转化为动力。

3. 冷静的状态、精力最充沛的状态,可以用松弛的方法达到。

4. 紧张是一种习惯,放松也是一种习惯,坏习惯应该克服,好习惯应该养成。

第 8 封信　你的身体，是一切美好的开始

亲爱的小约翰：

每个人都会关心自己的身体状况，可是往往在健康的时候忽略它、在疾病来时才后悔。人总认为拥有健康的身体是很平常的事。但是，许多人过度地使用自己的身体，让它太忙碌、太疲乏，或让它受伤，却不知道要去保护它。虽然造物主赋予我们健全方便的身躯，但我们却没有去真正重视它。

对我们的身体造成危害是多方面的，我们先讨论几个一般性的行为。抽烟对身体的危害很大，一个小时里，假如你抽两三支香烟，尼古丁、焦油就充塞到你的肺和血管里。同时，在城市的生活里有时还要让肺忍受汽车的废气以及人工恶臭的污染。在消化系统方面，吃太多油腻的食物，比如汉堡、点心，及大量的砂糖，这些食物虽然很可口，可是吃得太多，就会成为身体的负担，最后让身体吃不消。

我们背负了多余的体重，以心脏为主的循环系统每天要分解香烟、薯片等，还要分解啤酒，甚至威士忌。还有很多人的生活是这样：到了晚上，为了轻松点还要抽上很多香烟。

虽然大多数人的一天，并不像我说的那么极端。但烟草、酒、大麻、咖啡因等享用过度了，就是在慢性自杀。据我个人观察，虽不是每个人都如此，但大多数人却时常做着前面几个项目中的三四种。

可是请耐心地听我说：生活虽然会对我们造成压力，但压力却是有人类以来出现并存在于日常生活中的要素。压力不是新名词，住在洞穴里的原始人，为了用棍棒驱逐猛兽，也面临了巨大的压力。很多人有面临饿死的压力这种体验，科学家却把压力当作是一种疾病来研究，而且系统地研究压力。确立压力研究的第一人是汉斯·西里佛斯博士，他认为好的压力对身心机能是不可缺少的，而坏的压力对人类的健康却是有害处的。

在被一般人所接受的现实社会里，追求身体健康的确是一件不容易的事情。维持健康的生活习惯必须具有强烈的自制能力，这就是要加强自己的思想意识，杜绝不良习惯。我希望你在年轻时就能重视这件事。据说，某一保险公司在探索长寿的主要原因（为调整保险费支付计划而做的调查）时，对相当多的百岁以上的人进行调查，发现一个基本的原则：工作游戏都适可而止。他们很清楚，做任何事都不能过度。

每个人都有不同程度的压力，主要靠自己去缓解，甚至把它转化为动力。专门处理压力问题的心理学者可以对那些想要对抗各方压力的人有所帮助。如果你也有这样的想法，可以尝试每天坚持做几分钟的基本练习动作，来放松自己。

在处理问题的时候，就得把脑力多余的部分开发出来。你必须处于很放松的状态，而这种松弛的状态，首先必须把让你烦恼的杂念摒除，如果头脑已恢复了稳定性，就可以让头脑去处理问题，且一次只处理一个问题，也即是说，你必须在最平静时处理问题，随时让头脑保持冷静。因为头脑在我们身体中是不大被运用的器官之一，肝脏、心脏、肺却过度地工作。在

第 8 封信　你的身体，是一切美好的开始

这种情形下，头脑的功能逐渐不能发挥，如果脑细胞不断地得到运用，压力的缓解将会得到强有力的后援。

冷静的状态、精力最充沛的状态，可以用松弛的方法达到。沉思、冥想、肌肉松弛、自我催眠等就是很好例子。找出最适合自己的方法加以练习，并做一种短期的训练。找到一种沉着的、有冥想的感觉，掌握能使你的头脑保持宁静的最好方法以后，不论你有多少的问题，都可以得到正确的估计。

为了学会最适合你放松的方法，开始时，你需要专家帮忙，不久你会发觉，这不过是一种很单纯的技术。教育界的人为什么不能把这件事当成读书写字，当成必修科目？若能如此，精神稳定剂、咖啡因、酒的销路一定会减少，社会也会变得更健康。

个人精神的选择权，可以由每个人自由选择。你要怎样度过你的人生，你要怎样去生活，是可以由你自己决定的，你有三种选择的方法：

（1）无视自己的精神压力。

（2）只是面对压力而叹息。

（3）面对压力而做出适当的决策。

具体要如何选择，这是你的自由。

随着年龄的增长你会明白，人生并不是只为自己而活。班杰门·迪士利曾说："国民的健康才是国民幸福及一切力量的基础。"我个人认为：健康是一切幸福的基础，职员能在我们的事业里发挥他们的能力，他必须幸福及健康兼具才行。

基于上述理由，我劝你参加关于压力的研究会，如果你听了我的话而采取行动，说不定可防止你 20 年身体的消耗！麦那

相信自己够勇敢：摩根写给儿子的32封信

兹斯说过："健康和知识是我们在这世上得到的两种恩惠。"你能像麦那兹斯那样关心自己的健康，或者你能有那种意识吗？

缓解压力的简单而有效的方法，就是你把其他人的性格，特别是你以为比较理想的特质写下来，每天去读，去研究自己想成为的那种人。你所写出来的特质有幽默、忍耐、挑战性、自信、品行高雅、责任感、挺身而出的勇气、精神上的宽裕。因为我深深地被这些特点所吸引。

紧张是一种习惯，放松也是一种习惯，坏习惯应该克服，好习惯应该养成。你怎样才能放松呢？首先要从思想开始，或者说，从你的神经开始。但是，真正的放松应该从放松你的肌肉开始，这是我看有关专著知道的。具体怎么做呢？我告诉你：先从浓密的眼睛开始，把头向后靠，闭起你的眼睛，然后默默对自己说：放松、放松，不要紧张、不要皱眉头，放松、放松……如此重复，再重复。我还必须提醒你，缓解压力的处方如下：使自己松懈，让头脑进入空想状态，用平静的心态一次只研究一个问题，把有害的压力尽量排除，以达到降压的目的。

最后，还有一个我很喜欢的好处方，就是限制自己的工作时间和数量，通常收到很好的效果。像要钓鱼时，往往要离开人们到宁静的湖边。过自己健康和自由的一天，你会觉得帝王的幸福也不过如此。

你的父亲
约翰·皮尔庞特·摩根

第 9 封信

学时间整理术,每天多出一小时

摩根说

时间是你自己可以握在手中的最宝贵的财富,千万别忘了,不珍惜时间就相当于不珍惜生命。成功的企业家都掌握了一个原则,那就是:变"闲暇"为"没闲",也就是珍惜工作和生活中的分分秒秒,绝不好逸恶劳,而且勤勤恳恳地工作。

华尔街之王智慧格言

1. 时间是企业家赖以成功的筹码,浪费时间就是在浪费生命。
2. 一切节约最终都是时间的节约。
3. 时间的一个最大特点,就是不能挽回、不可逆转、也不可能贮存。
4. 很好地运用时间,也就是一个效率的问题。
5. 你要善于利用零散时间。

第 9 封信　学时间整理术，每天多出一小时

亲爱的小约翰：

　　今天我写信想和你讨论的是时间问题。我知道，最近你为了自己的个人问题花了很多时间，却好像并没有达到什么目的，我为你浪费的时间感到很可惜。我相信，其实你是对时间缺乏某种计划，你的本意并不想浪费时间。

　　时间是企业家赖以成功的筹码，浪费时间就是在浪费生命。珍惜时间应该像珍惜生命一样，因为生命是由时间累积起来的，所以我希望你在成为企业家的路上从珍惜时间开始。

　　对于一个人、一个企业，能好好地利用时间是非常关键的，一天 24 小时如果不能好好计划一下，就会无缘无故地被浪费掉，会跑得不见踪影，你将会什么也得不到。

　　怎样分配时间对于一个人的事业成败起着决定性作用。有人往往这样以为，在这浪费几分钟，消耗几小时没什么关系，然而，事实并不是这样。这种差异对于时间来说显得很微妙，要经过很多年才能让人们觉察出来，可是有的时候，这种不同也是很明显的，我不希望你有这样的想法。

　　时间是你自己可以握在手中的最宝贵的财富，千万别忘了，不珍惜时间就相当于不珍惜生命。成功的企业家都掌握了一个原则，那就是：变"闲暇"为"没闲"，也就是珍惜工作和生活中的分分秒秒，绝不好逸恶劳，而且勤勤恳恳地工作。你要

认认真真地、合理地安排时间，不平白无故消耗一分钟在无聊的事上。

一切节约最终都是时间的节约。时间的一个最大特点，就是不能挽回、不可逆转、也不可能贮存。它是一种永远不会再生的、与众不同的资源。

时间相对于每一个人，每一件事情都是毫不留情的，你有再大的本事也没法留住它。时间可以被肆无忌惮地消耗掉，当然也一定会被很好地利用起来。很好地运用时间，也就是一个效率的问题。也就是说，在单位时间里对时间的利用价值就是效率，有限的时间一点一滴地累积成人的生命。

人的一生其实很短暂，用于真正去创造的时间不多，假设以20岁的年纪来计划一个人的一生的话，那么大概就有70万个小时。一个人可以精力充沛地进行工作的时间只有40年，大概相当于15 000个工作日，36万个小时，减去吃饭睡觉的时间，大约还能够有20万个小时的工作时间。我们在这些有限的时间里最大限度地发挥作用就能体现生命的有效价值，最大限度地增加这段时间里的工作效率就等于延长了你的寿命。你想想，自己有多长的生命去浪费？显而易见，你要成为优秀的企业家，继承和发扬我们家族的事业，你就必须知道"效率就是生命"这个道理。

我们其实有各种各样度过空闲时间的方式，有人利用空闲时间博览群书，汲取知识的营养；有人利用空闲时间结交朋友；有人利用空闲时间做艺术创作；也有人利用空闲时间思考问题……

第9封信　学时间整理术，每天多出一小时

在这里，我不只是要你珍惜时间，最重要的是要告诉你珍惜时间的方法。具体来说，可以从下面几个方面驾驭时间，提高工作效率：

首先，要善于集中时间，不要用平均率去分配。应该把你的有限的时间集中到处理最重要的事情上，不可以每一样工作都去做，要机智而勇敢地拒绝不必要的事和次要的事。每当一件事情发生了，你就应该起初就思考："这件事情值不值得去做？"千万不能碰到什么事都做，更不可以因为反正我没闲着，没有偷懒，就心安理得。

其次，要善于把握时间。每一个机会都可能是引起事情转折的关键时刻。有效地抓住时机可以牵一发而动全局，用最小的代价取得最大的成功，促使事物的转变，推动事情向前发展。

如果没有抓住时机，常常会使已经到手的结果付诸东流，导致"一着不慎，满盘皆输"的严重后果。所以，取得成功的人必须要擅长审时度势，捕捉时机，把握关键，做到恰到好处，赢得机会。

最后，要善于协调两类时间。对于一个取得成功的人来说，存在着两种时间：一种是可以由自己控制的时间，我把它叫作"自由时间"；另外一种是属于对他人他事的反应的时间，不由自己支配，叫作"应对时间"。

这两种时间都是客观存在的，都是必需的。一旦没有"自由时间"，完完全全处于被动。不会自己支配时间，就不是一名有效的领导者。

然而，要想绝对控制自己的时间在客观上也是不可能的。

没有"应对时间",都想变为"自由时间",事实上也就侵犯了别人的时间,这是由于每一个人的完全自由必然会造成他人的不自由。

  我还想补充说明的是:你要善于利用零散时间。时间虽然不可能集中,但往往出现许多零碎的时间,要珍惜并且充分利用大大小小的零散时间,把零散时间用来去做零碎的工作,从而最大限度地提高工作效率。另外,善于运用会议时间。我们召开会议是为了沟通信息、讨论问题、安排工作、协调意见、做出决定。很好地运用会议时间,就能够使工作效率提高,节约大家的时间;运用得不好,则会降低工作效率,浪费大家的时间。

你的父亲

约翰·皮尔庞特·摩根

第 10 封信

多一份经验，多一分财富

摩根说

　　经验无法靠别人传授，也不能从学校中学习，唯有自己日积月累地贮存。无论你累积多少经验，仍要不断地学习，并从失败中汲取更深一层的经验，以免重蹈覆辙。

华尔街之王智慧格言

1. 很多人常常因为取得一定的成绩就自满,以致停滞不前了。

2. 有时候,失败的原因,并非全然是资料不足,大多是缺乏经验而导致错误的判断。

3. 经验无法靠别人传授,也不能从学校中学习,唯有自己日积月累地贮存。

第 10 封信　多一份经验，多一分财富

亲爱的小约翰：

　　孩子，你这段时间的表现很不错。可以看出你的工作是非常努力的，你完全没有像一般纨绔子弟那样的不良习气，相反，你做出了很好的成绩。所以你将升任销售部长，这是你一展所长的时机，希望你更加努力。很多人常常因为取得一定的成绩就自满，以致停滞不前了。你的在校成绩，以及公司的业绩表现，足以证明你禀赋优异，同时，你做事的态度热诚、负责，并且有客观的见解及丰富的知识。

　　可以这样说：你唯一欠缺的是一项最基本的要件——经验。在你的学生时代，经常尝试新鲜的事物，并以日常生活中所累积下来的经验，用充满自信的态度去处置，而每次都能做出令人满意的成果来。现在，你又将到新的工作岗位，这是过去未曾经历过的，你必须以谨慎、谦虚的心态去面对他们，多汲取前辈的经验。

　　当你自觉经验不足时，应该如何弥补这一项缺欠呢？我想，你首先应该知道，即使缺乏经验，也不能阻挠你发挥才能，去达成目标。在面对问题时，先冷静分析问题的症结，收集资料，然后不厌其烦地进行稽核工作。

　　在未了解的情况下，做事不要莽撞，要先弄清楚的情况包括：手边的资料有多少？资料是否有不完整的地方？是否需要再一

相信自己够勇敢：摩根写给儿子的32封信

次地收集？是否等资料完全齐全，才拟定行动方针，等等。许多人由于缺乏反省的工夫，以致于陷入失败的陷阱。你必须谨记：成功不是一天创造出来的。在收集资料的过程中，若能做得确实、完备，成功就指日可待。在你小时候，不知道你是否记得：当我们一家人出去旅游，在森林露营时，第一步要做的工作，便是选定一处平坦、坚固的地面。否则，付出再大的努力，终将功亏一篑。

在你取得可靠的情报以前，你可以先分析资料，抑或开始工作，但这两种方向会造成很大的差异。你必须先压抑进行工作的冲动，把这项活力贮藏起来，就好像每当我们全家外出旅行时，每个人都兴高采烈地想要早点儿出门，谁都没有耐心仔细检点必须携带的装备。我却对照着旅游指南，一一检视，以免遗忘重要的物品。这种现象，并非由于我的经验不足，只是我宁愿小心求是。

资料收集的工作完成以后，你再仔细思量，周围值得信赖的人，能否提供正确的情报。例如公司内和你职位相当的人，或是董事长，或是其他能够与你商讨的人。

资料收集好并进行思考，接下来就比较容易进入情况。因为经验是迈向成功的重要一环。关于这点，你将慢慢了解。有时候，失败的原因，并非全然是资料不足，大多是缺乏经验而导致错误的判断。我所要教导你的，就是收集资料，以及分析资料。前一个过程，要靠你的耐心和细心；后面的工作，就要依赖你的经验了。

具体来说，要怎样熟练地分析资料呢？方法很简单，也就

经验是迈向成功的重要一环。

是多方面去接触。在这其中，我必须强调一点，与其凭你的直觉，妄下断语，不如深思熟虑，按部就班。虽然这样做也许太慢，但是也比较不容易出差错。

资料收集和分析完毕以后，再进入实行操作。我相信，这个阶段是难不倒你的。你已充分具备实务的经验，你在学生时代就已经崭露头角。现在，你只有按照自己的决定，彻底去做。

我想提醒你，我今年虽然已经六十多岁，在企业界也已立足几十年，但是我每天仍然不断地吸收新的经验。企业界经常推陈出新，未曾接触的事物层出不穷，所以我时时学习新事物、累积新经验；我也从不讳言缺乏某种工作经验。承认这方面的不足，并不会影响你的自尊心，但是对公司的损益计算表，却大有裨益。

以你本身所具备的条件，再加上经验的话，一定可以成为卓越的经营者。经验无法靠别人传授，也不能从学校中学习，唯有自己日积月累地贮存。无论你累积多少经验，仍要不断地学习，并从失败中汲取更深一层的经验，以免重蹈覆辙。

我们可以充满自信地认为，"当音色曼妙的小鸟要一展歌喉时，森林会以寂静的面貌倾听"。

你的父亲
约翰·皮尔庞特·摩根

第 11 封信
礼貌制胜,你的礼仪价值百万

摩根说

恰当地运用礼貌,可以大大提高员工的工作士气,以及公司的营运效率。你以客气的方式要求别人做事,比以命令的方式更能获得首肯。为女士或男士开门,或是当女士进入室内时,为她们脱下(或穿上)外套等礼貌的举动,都会得到他们同等善意的回报。

华尔街之王智慧格言

1. 成功人士所必须具备的条件,虽以学识为首位,但礼貌是绝不容被忽视的。
2. 学识和品行对一个人是同等重要的,两者缺一不可。
3. 礼貌就是对你周围的人,多付出一些关爱。
4. 有的人常常在别人话还没有说完时,就突然将他打断,这是一种最不礼貌的行为。
5. 活泼诙谐的话语,通常都能吸引对方。

第 11 封信 礼貌制胜，你的礼仪价值百万

亲爱的小约翰：

这次给你写信是想跟你谈一谈关于礼貌、关爱的事情。讲话的艺术、礼貌是非常实用的东西，学习这些知识只需不过一两周的时间，它们却对于你的生活、事业、晋升大有好处。然而一个令人遗憾的事实是，大多数人都欠缺这样的能力。

听说你要为公司觅一位销售员，不知道你现在确定了人选没有？我知道你对选拔人才一向颇为严格，我也是如此，不轻易对别人产生好感，所以我能理解你的想法。不过我想，生活中平常很少有人会刻意研究要如何给别人留下好印象，因为他们并不知道这有多么重要。

根据我的生活经验，成功人士所必须具备的条件，虽以学识为首位，但礼貌是绝不容忽视的。它的重要性仅次于学识，而企业界的人大部分却只具备前者。威坎侯先生创立了两所大学，即艾切斯特大学和新大学，他们的口号是"礼貌造就崇高的品格"。我认为这个口号对教育界非常适合，学识和品行对一个人是同等重要的，两者缺一不可。遗憾的是，即使教育界也很少有人认识到这一点。

礼貌是什么呢？说到底，礼貌就是对你周围的人，多付出一些关爱。首先是要常常记得说"谢谢你"。现在有一种这样的说法，即"说'谢谢你'越频繁的人，越容易成功"，这句

话虽说不是十分科学，但也是颇有几分道理的。"谢谢你"这三个字是世界上运用最广泛的礼貌用语，对它的答语经常是"不必客气"，然而这些谦辞，在商场上的对话里常被忽略。你如果对下属、店员的请求协助都加上一句"谢谢你"，那么，你在一天中使用这句话的次数一定相当可观。你不妨试试看，在你要求别人做某件事时，如果先说"请"或者"麻烦你"，你会很诧异地发现，那些受托之人，都会欣然接受，并且很迅速地完成你交办的任务。

恰当地运用礼貌，可以大大提高员工的工作士气，以及公司的营运效率。你以客气的方式要求别人做事，比以命令的方式更能获得首肯。为女士或男士开门，或是当女士进入室内时，为她们脱下（或穿上）外套等礼貌的举动，都会得到他们同等善意的回报。这些是日常生活中最基本的礼貌，也无需花费分文，很容易就能学到。而且，这些事情在工作、职位晋升、签订合同、建立客户关系、结交朋友等各个方面，都会有意想不到的好的效果。

有的人常常在别人话还没有说完时，就突然将他打断，这是一种最不礼貌的行为。这种人往往以自我为中心，更喜欢自己滔滔不绝地发表看法，而不愿静听别人的见解。这种性格的人，很难吸引别人，也不会给人留下好印象。这种行为，会贬低自己的形象。而那位正在说话的人，也会因为受到这种侮辱，而深感不悦。因为打断他说话，不仅意味着你明显表示出对他的话不感兴趣，而且也是对他本人的不尊重。因此，要切记，专注地倾听对方说话，也是一种尊敬对方的表现，这也是人际

第11封信 礼貌制胜，你的礼仪价值百万

交往的一大秘诀。

也有很多这样的人，他们的话题一直围绕在"我"上面打转，对于自己的事情，巨细无遗，全部掏出来讲，这实际上也是不礼貌的表现之一。相反地，常常询问对方的家庭及近况，表示很关心对方，但必须注意，询问对方的私事不要太细致，否则会流于探查隐私之嫌。适度的寒暄与问候，是对人表示亲切的方式，也是给人留下良好印象的不二法门。

活泼诙谐的话语，通常都能吸引对方。要想掌握各种谈话的礼貌，你还必须再作努力。世界上可供交谈的题材数不胜数，简单的问候语，除了天气以外，还有成千数百种。诸如"你是在这个镇上长大的吗？""你住在哪里呀？""那是一个很繁华的城镇吗？""你们城镇的足球队，今年的战绩如何？""你现在在哪里高就？"等等，这些寒暄都可以派上用场。

第一印象在任何时候都非常重要，尤其在找工作时，更是如此。有很多场合，你跟别人只有一面之缘，但就是这一面之缘，也许在日后会为你带来出乎意料的结果。如何在第一次见面时，就抓紧对方的心，这是十分重要的，它决定了第一印象的好坏。这来自于三种身体语言：第一，你握手的态度是强劲有力，还是有气无力；第二，你和上司说话时，是目不转睛地注视他，还是左顾右盼，偷瞄他身旁的女秘书；第三，你的姿势是否端正优雅。

据说，菲利浦亲王在面对两千多名群众说话时，会使听众觉得，在场的只有亲王和他两个人。即将进入社会的年轻人，应该谨记这一要点，这是和别人谈话最极致的表达境界。如果

能尽量使听者参与，听他们的反应，让他们提出问题，气氛就会变得轻松，并最终取得谈话的成功。修得学士学位的人，一定要能达到这种境界，具备此项特质。阿尔福瑞特·泰尼逊曾说："越是伟大的人物，越懂得礼貌。"

礼貌是树立自己的良好形象的最好的方法，具体来说，你应该如何提高自己的形象呢？这包括很多内容，在这里我仅就服装方面，略述一二。

从爱斯基摩人的衣着到非洲人的装扮，服装的样式形形色色、各不相同，每个人都有选择服装样式的自由（你可以发现，我在周末上午的穿着，都是简单随便的）。但是当你要接见面试者，或是和下属一起工作，或是拜访客户时，一定要西装笔挺，以示庄重。倘若你衣冠不整、不修边幅，则很难博得客户想与你签订契约的好感。你此时的穿着，不能只考虑你本身的喜好，而是要迎合对方的要求。当然，如果你只想待在仓库工作，你自是可以任由你的皮鞋染上一层灰。但是，你如果想赢得别人的好感，获得更高的评价，那么，你就必须好好地把你的皮鞋擦亮一点，把你的长裤烫挺一些。

尽管服装不能代表一个人的能力，但它却能代替主人说话。请你仔细想想下面的情景：当你接受别人的邀请，女主人郑重其事地忙了一天，她拿出最好的银器供你使用，请人精心为你烹调出上等的佳肴。男女主人穿上正式的晚宴服，在门口迎接你，而你却穿着发皱的上衣、泛白的牛仔裤前来。这一定会令他们大失所望，认为白忙了一天，因为你的服装表示出，你不太在意这个邀请。为了避免这种尴尬的情况发生，当你接受邀请时，

第 11 封信　礼貌制胜，你的礼仪价值百万

最好穿上西装，并戴好领带。倘若到了宴会上，你的服装显得太正式了，你可以随时取下领带。无论如何，你慎重的穿着，也是对女主人的一种礼貌，以你的装束，来代表对他人一番盛情的感谢。

服装整洁、得体的人，会使人乐于接近。若是你的生活比较充裕，那么，你可以买一套上等质料的晚宴服，参加周末晚上的派对。坐上餐桌时，将面前的餐巾摊开在膝上，眼前16种银器的使用方法，你也必须了如指掌。我们老一辈的人，尤其注重餐桌上的礼貌。以前曾经有过这样的事，有些董事被邀请到董事长家中，由于分不清刀、叉、汤匙的使用方法，而失去了升迁的机会。

当企业家要在众多候选人中选出一位管理者时，一定会先请他们吃饭。由此可见，餐桌礼貌在工作中，也扮演着至关重要的角色。我曾听说过，有一个企业家将餐桌礼貌，作为最后决定职员晋升的标准。如此说来，晋升与否的悲喜剧，是在餐桌上上演的。那位上司将两位高级职员带到大饭店，从职员们点菜的态度，判断他们处理事情是否有主见，是否能够有条不紊。当侍者递上菜单时，他会让职员们先后点一些菜，看他们点菜时是否犹豫不决，甚至征询侍者的意见，或是不照菜单排列的次序点（大饭店出菜的次序，在菜单上按照先后排列，假如顾客先点中间的菜，则会令厨师们混淆）。上司本来可以先点好主菜，如此也能使服务生松一口气。但是，这样他就无法观察出职员的决断能力了。

如果两位候选者的条件相当，成绩、经验都相似，那么要

分出一个高下,则需从他们的礼貌是否适当、服装是否合宜、姿势是否优雅、谈吐是否得体、是否充满自信等方面来观察比较了。

说到这里,我想你已经明白了,当你为公司挑选职员时,必须选一位能代表公司、能和同事愉快相处的人。具备前述各项特点的人才不是没有,只是为数不多,而且每个公司都竞相争取这种人才。这种人就像一块玉石,浑身散发着光彩,只要他一出现,立刻就吸引了大家的注意,你也要吸收这种人才。你要通过各种渠道了解,比如可以向来公司推销的人员或本公司的销售员探询,在哪里能够找到这种品行端正、礼貌周到的员工。

爱德华·路卡斯曾说过:"任何坚盾都抵挡不住'礼貌'之矛。"这句话颇耐人寻味,正表明了礼貌的重要性。对踌躇满志、准备大显身手的你来说,这句话值得将其作为座右铭而谨记在心。

你的父亲
约翰·皮尔庞特·摩根

第12封信

大声激励，唤醒最好的自己和别人

摩根说

　　对于自己应该以什么样的方式活着，自己要怎样，你有选择的权力。你有必要研究学会怎样激励自己和别人，使它确实能帮助你，因为当你知道什么东西能激励人的时候，你也就能使用适当的方法来激励自己。

华尔街之王智慧格言

1. 激励自己和别人的重要方法就是"暗示""自我暗示"或"暗示别人"。
2. 养成用积极的心态激励自己的习惯。
3. 无论做什么事,都要有迎难而上的勇气,并要有一定达到目的的信念,学会用积极的态度从事工作。

第 12 封信　大声激励，唤醒最好的自己和别人

亲爱的小约翰：

懂得如何用有效的态度和悦人心意的方法去激励员工，是一个企业家应该掌握的基本管理方法，在你的生活中也是十分关键的。你在整个一生中都扮演着双重的角色，你不仅是你自己，而且同时又是你眼中的他人。在你激励自己和别人时，别人也在激励你。

激励就是鼓舞人们做出抉择并开始行动，激励能向自己和别人提供成功的动因，也就是个人体内的"内在动力"。比如情绪、热情、习惯、态度、冲动、愿望、信任等，它们能激励你积极行动起来。

激励自己和别人的重要方法就是"暗示""自我暗示"或"暗示别人"。激励自己和别人的秘密，在于暗示，这是人类的一项巨大的发现。也就是：倘若你愿意付出代价，使用积极的态度的话，你就能成为你所想要成为的那种人，无论你过去的经历、才智、智商或环境怎样，这种因果关系都是真实的。

你要记住：对于自己应该以什么样的方式活着，自己要怎样，你有选择的权力。你有必要研究学会怎样激励自己和别人，使它确实能帮助你，因为当你知道什么东西能激励人的时候，你也就能使用适当的方法来激励自己。

能帮助你激励自己和别人的这种简单的方法是基于暗示的，

它包括自我暗示和自动暗示。这其中的含义是，倘若一位行销员很胆怯，而他的工作又要求他积极主动，那么，你应该做的是：向你的行销员讲清道理，指出胆怯和恐惧是自然的，并向他说明别人是怎样克服胆怯的。向他建议：经常向自己说一句自我激励的话；你还可以告诉他，应当每天早晨或在其他时间里多次重复"我能行！我能行！"这样的话。

另外，当你发现行销员有欺骗的行为时，就应该找他谈一次话。倘若这位行销员愿意改正，那么，首先你可以告诉他别人是怎样克服这个毛病的，并给这位行销员一些励志的书籍；其次，你要他在销售中重复地对自己说："要诚实！要诚实！"尤其是在特殊的环境中他被引诱成为欺骗的人或进行了欺骗时，他更要有勇气面对真理。我相信你应该不难理解这个方案，这对你管理公司是非常有用的。

在对待自己的下属时，信任是很能鼓励他积极工作的。当你对你认为优秀的员工抱有信心时，他就会成功。但是你要正确地理解什么是信任，要知道它是积极的，而不是消极的。消极的信任没有力量，就像不能观察的眼睛没有视力一样。你必须运用积极的信任，必须说明你的信心，告诉他："我知道你在这个工作中是会成功的，因此我和别人承担了保证你成功的义务。我们都在这儿，等待着你的成功。"

就像我常常给你写信一样，信也可以表达信任和鼓励。现在你能够用一封信来表达你对别人的信任，我相信，信件是表达个人思想和激励别人的极好的工具。所以，我希望你能多写信，不只给我或其他的亲人，还包括我们的员工。我们公司的员工

第 12 封信　大声激励，唤醒最好的自己和别人

遍及全国各地，甚至世界很多地方，你不可能经常到每一个分公司和部门去和他们交谈，所以，写信是很有必要的。

任何人都能够写一封信，提出建议，影响收信人的下意识心理。当然，这种建议的力量取决于几种因素。当你多年后成为父亲时，我的孙子或孙女远在外地上学，你就能用信件效用，这是你用别的办法所不能完成的效用。

因为在信中你能够做到：第一，塑造孩子的性格；第二，讨论一些问题，这些问题在面对面的谈话中也许不容易启齿，或者即便涉及也不会花费时间去讨论；第三，表达内心的思想。

现在的孩子也许不大喜欢接受别人口头上提出的劝告，因为当时的环境以及情绪不利于他们这样做。但是，他们也许会接受在书写端正、语调亲切的书信中所提出的劝告。倘若这封信措辞恰当，它就可能被孩子们经常地阅读、研究、消化。

现在你在公司可以独当一面了，作为公司决策者之一，你对员工或部门企业管理者写封恰当和符合身份的信，就能激励他们打破以前的销售记录。同理，一位销售员一旦写信给他的经理，他也会从这种激励的工具中受益匪浅。

你常常和我通信，你是知道的：一个人要写信，就不得不思考，写信人不得不把他的思想反映到纸上。在指导员工对某件事做出答复时，你不妨在信中提出一些问题。

世间的父母总是激励着自己的孩子，希望他们长大，成为栋梁之材。拿小时候的托马斯来说，当这个孩子感觉到他是完全沉浸在温暖而可靠的信任中时，他就会干得很卓越，他不会绞尽脑汁地去保护自己免遭失败的伤害，而是全力地探索成功

的可能性，他的心情是舒畅的。信任已经影响了他，让他把自己内在的最美好的东西发挥出来，这种信任也就是包含有一种无形的激励在其中。托马斯的母亲造就了托马斯。因为她深厚的爱和不可动摇的信心激励着托马斯努力成为她相信能成为的那种孩子，这就是激励的作用。所以，你要能够用信任的方法激励员工，当你去激励别人的时候，你要使他们建立自信心。

我还要补充说明一点，关于激励员工，落到实处来说，如果设置合理的职位、确定适当的人选、授予必要的权限是调动积极性的前提条件，那么激励下属则是调动积极性的具体手段。激励的方式复杂多样，因人、因地、因时、因事而异。现在有必要说明的有以下两点。

一般认为高层次的需求以低层次需求为基础，低级需求满足以后便不再成为激励产生的原因；在众多需求中又以最主要的需求为最有效的激励因素。

人的各种需求同时存在，缺一则不可构成激励。而且各种需求往往形成一个有机的整体，很难将其划归某一需求层次。那种认为在今天或将来生活条件普遍提高的情况下，人们更多地只是考虑精神方面的满足的想法是不切实际的。

我和你讨论激励问题，是要你树立坚强的个性和积极的精神，让你找到一种力量引导你行动，从而让你获得更大的成就。要是你知道某些原则可以激励你自己，那么你也就知道这些原则同样可以激励你的员工了。同理，为了激励你自己，你要努力了解激励别人的原则；为了激励别人，你又要努力了解激励自己的原则。

第 12 封信　大声激励，唤醒最好的自己和别人

在此，你首先要做的是：养成用积极的心态激励自己的习惯。一切成功的管理者都懂得激励销售员最有效的方法之一就是亲自到现场，和销售员一起劳动，给他树立榜样。

在麻州有我们公司一些优秀的员工，有一次我下去检查工作，我听到一位行销员抱怨说：他在西奥克斯中心已经工作了两天，然而一份和约也没有签订，他认为在西奥克斯中心进行销售是不可能的，因为那儿的人是荷兰人，他们讲究宗派，不想买生人的东西，并且，这片土地欠收已达几年了。

尽管他这样说，我还是建议我们第二天就到那儿去做生意。第二天，我们驱车前往西奥克斯中心。在车上，我闭着眼睛，放松身体，静思默想，调整我的心理状态，我持续地思考为何我将能同这些人做成生意，而不去想为何我不能同他们做成生意。

当时我是这样想的：他说他们是荷兰人，讲宗派，所以他们不愿买我们的东西。这有什么关系？倘若你能将东西卖给一族人中的一个人，特别是一个领袖人物，那你就能卖东西给全族的人，现在我必须做的就是要把第一笔生意做成，就算要花费很长的时间和精力也值得。

另外，他不是说这片土地欠收吗？这也是好事，因为荷兰人是非常杰出的人，他们十分注重节约，做事认真负责，他们需要保护他们的家庭和财产。他们很可能从来没有从事过其他金融业务，因为别的行销员也许同和我一起开汽车的那位行销员一样具有消极心理，从来没有向他们交涉过金融业务。要知道，我是向他们提供一种低风险的赚钱门路。

相信自己够勇敢：摩根写给儿子的 32 封信

当我们到达西奥克斯中心时，我首先进了一家银行，找到他们的经理，了解了很多情况。然后我很真诚地去找到荷兰人中很有威望的迈克尔先生，顺利地把事情办妥了。

为什么在同一个地方，面对同样的人，其他人没有成功，而我却成功了呢？实际上他没成功的原因和我成功的原因是相同的，除去一些别的东西外。那位行销员说他不可能售给他们保险单，因为他们是荷兰人，并且有宗派观念，那是消极的态度；而我知道他们会和我合作，因为他们是荷兰人，并且有宗派观念，这是积极的态度。

还有，他说他不可能售给他们保险单，因为他们已歉收达几年，那是消极的态度；而我知道他们会买，因为他们已歉收达几年，这是积极的态度。我们之间的不同就在于消极的态度和积极的态度之间。

我告诉你这件事，是要你知道，无论做什么事，都要有迎难而上的勇气，并要有一定达到目的的信念，学会用积极的态度从事工作。我在那位行销员失败的地方成功了，可以说我同时用榜样激励了他们。

孩子，我之所以要对你说那么多，不只是要你子继父业，更重要的是要你在失败中成长，走向成功，从而获得你所寻求的东西，比如智慧、品质、幸福、健康这些甚至比我们家族财富更重要的东西。

你的父亲

约翰·皮尔庞特·摩根

第13封信

做周全的准备,做最坏的打算

摩根说

　　随着年龄的增长,我深切地感受到,人平常无论多么小心地应付问题,仍然会碰到困难,这就是人生。你一定要有心理准备克服眼前的困难,这样你才能够将竞争对手远远抛在你后面。

华尔街之王智慧格言

1. 遇到事情时,千万不能自己先乱了阵脚。
2. 人生的苦难可以磨炼你的意志,帮助你度过逆境。
3. 人平常无论多么小心地应付问题,仍然会碰到困难,这就是人生。
4. 当你决定做一件事时,既要有胆量,也要时常未雨绸缪。

第13封信　做周全的准备，做最坏的打算

亲爱的小约翰：

最近，你看上去似乎心事很重。首先，我想对你说的是，不管出了什么事，公司里的事也好，你个人的生活也好，要处理好事情必须先保持一种良好的心态。还要记住一点，那就是你的父亲永远站在你的一边帮助你。

我知道我们的好几种产品的销售情况不是很好，你是不是一直在为这件事忧虑？其实，我也很担心有一天它们会被挤出市场。但是，遇到事情时，千万不能自己先乱了阵脚。我建议你先把事情的状况及发生的结果弄清楚再做打算。先查查损益表，把这几种商品的营业收入减去总成本，就可大体知道损失的情况。我想虽然不理想，但也不至于很惨重。

"为了将来我们做了哪些准备？"这是遇到这种情况时，你应当首先问自己的问题。在这一方面，我成功的经验虽然不多，但却有不少失败的教训。对于如何度过暴风雨，我还是有把握的。我相信，人生的苦难可以磨炼你的意志，帮助你渡过逆境。我确信，人类越是在面临重大困难时越能发挥他们的潜力。

让我们来谈一谈销售额减少的问题，鉴于目前这种状况，必须对销售部门进行一定的调整。营业额降低了20%，利润减少了，这时要先裁员，然后调整每个员工的工作，工厂也必须如此。因为生产规模缩小了，也就不必雇用那么多人了。经营

人生的苦难可以磨炼你的意志,帮助你渡过逆境。

第13封信　做周全的准备，做最坏的打算

企业就如同在打仗，挖战壕是常用的手段之一。在战略上，它具有和企业成长同样程度的重要性。事实上，挖战壕更需要经营管理的能力；而成长则是一种自然的状态，属于一种基本的变化，和部队重新编制去夺回失地的情况是不一样的。

我们现在面临的问题是对现实势态究竟该做好怎样的防御，这在一定程度上要看公司的成长构造。当我们在制作成长计划时，常讨论到固定费用和变动费用。固定费用是无论销售额有多少都必须支付的费用，包括土地、建筑物资金、资产折旧、贷款利息等；变动费用则随销售额上下波动。因此，先让固定费用尽可能地缩减。若不需要使用土地或建筑物，可否出租给别人？是否可以卖掉部分的设备？现有的管理人员是否称职？更重要的是下一次再作扩张时，首先应慎重考虑那些钱能否回收，收回的难易程度如何，这是防御的方法之一。

随着年龄的增长，我深切地感受到，人平常无论多么小心地应付问题，仍然会碰到困难，这就是人生。你一定要有心理准备克服眼前的困难，这样你才能够将竞争对手远远抛在你后面。

在我当初创业的时期，每天都有好几家公司由于自身的基础不稳固而倒闭。鉴于此，我就采取了多元化经营策略，而且一直坚持至今。从一个公司到如今的七个不同形态的分公司正是因为这个缘故。如果当初我只发展一家公司，让它不断成长，一定比现在的规模大得多。大家一定会这么认为，可是我却不这么想。我认为多元化经营安全性比较高，即使一个公司失败了，其他的公司仍然可以独立经营。

相信自己够勇敢：摩根写给儿子的 32 封信

  企业应当做好这样的准备，即在遇到困难时，该怎么筹措资金。我常对你强调过，不能借太多的钱，只要够用就可以了。如果你的借款超过了你能够负担的程度，遇到运气不好时问题就严重了。在你困难时，你能够筹到多少需要的资金，这件事要在平时就确定下来。而每次借了钱一定要按期归还。要常问自己："如果把钱借来，当发生了严重影响还债能力的事情时，我将如何生存呢？"

  像我们这种多元化经营的公司，要把自己从逆境中解救出来，通常的做法是把一个分公司或某种资产卖掉，我就是这么处理的。因为我们的目的并不是要改善公司，而是要创造更多的利润。这是一种很痛苦的决定，但有时却不可避免地要这样做。

  克里斯汀·鲍韦曾说："在你开始经营事业时，一定要有大胆而周全的计划，并且要强有力地去实行。"当你决定做一件事时，既要有胆量，也要时常未雨绸缪。为了应对事业变幻无常，你必须做最坏的打算。

你的父亲

约翰·皮尔庞特·摩根

第14封信

怕什么,敢于冒险才有无限可能

摩根说

　　你我共同经营的事业,目前正在勤勉和友爱中欣欣向荣地成长。倘若你一定要投身冒险性的事业,我只有深深地希望那项合伙事业也同样充满着勤勉和友爱,并祝愿你能够一切顺利。

华尔街之王智慧格言

1. 这是一个金钱万能的世界。
2. 人总是健忘的。
3. 交情对于事业而言,无疑是一种破坏性的、不理智的因素。

第 14 封信　怕什么，敢于冒险才有无限可能

亲爱的小约翰：

　　在面对赚钱之事时，我们往往可以在 30 分钟内详列所有的有利因素，而完全忽视了它不利的方面，最终造成长久的遗憾。我不知道你对这件事是怎么想的，我很担心你会在这样的机会面前，禁不住冒险的诱惑。

　　就拿你的朋友哈罗特为你提供的那个"美好"的赚钱机会来说，哈罗特和那几位朋友兴致勃勃地估计赚钱的前景之后，就确信这项事业不管从哪一个角度来看，都一定能够获得成功。换句话说，他们认为这个计划万无一失、完美无瑕。不过，那个行业似乎与我们这一行相隔甚远，而且，据我所知，他之所以邀你合伙做生意，好像是由于看中了你我已经事业有成这件事。这使我不由得猜测你的朋友们与你合伙的真正目的是以我们的利益为代价，去支持他们自己的新事业。

　　在你高兴地计算投资这项事业将能获取数百万的暴利之前，让父亲先告诉你两三件事，这也许可以帮助你避免造成难以计数的损失。

　　我很想了解哈罗特和那几位工程师邀请你加入如此冒险的事业的真正原因，因为他们那项计划是关于以大型建设设备服务为目的的高度专业化的技术方面的，那种事业与我们相差得太离谱了，以你个人的知识和技术，对那些根本不了解。

相信自己够勇敢：摩根写给儿子的32封信

我并不想限制你充分发挥自己才干的机会，但是我不得不承认，一听到这件事，在我的脑海中最先浮现的，就是我们家的财产。因为，当一个人在盘算新事业的阶段，往往都能够灵活地解决制造及销售方面的问题，但是到了筹措资金将计划付诸实践的时候，就伤透脑筋了。最后，还是得承认这是一个金钱万能的世界。

就算这项计划非常稳妥，有成功的把握，那么，如果要以灵魂去抵押数百万的资金，谁去经营这个事业呢？显然一定不是你，因为你并不具备经营那项特殊事业的技术和资格。况且，你如果把相当的精力和时间投注在其他的事业上，那么要增加我们公司的效率和利益就势必非常困难了。事实上，以你目前在企业界的经验来说，如果想脚踏两只船尚显不足，到那时我们公司的效率及利益恐怕有可能会降低了。

于是，在你们那家刚成立的公司尚无力雇用干练的职业经理人的情况下，必然会由哈罗特掌权，你是怎么认为的呢？我想，哈罗特会利用你的金钱，而让你站在远处。假如哈罗特做任何事都毫无差错的话，这倒不失为一个很好的安排。以他32岁的年纪，无须借助任何企业训练和经验的情况下，能够本能地掌管企业经营，或许可以说是一位罕见的青年英才。只是，我并不这样认为。

或许你投资十个像这样的事业，会有一个成功。然而，在你投资九项事业而倾家荡产之前，确定能找到一项成功的投资事业吗？

除了他们要你参加一项我们外行的事业外（即使我们或多

第 14 封信　怕什么，敢于冒险才有无限可能

或少对那行业有些许认识，也可能会有风险），哈罗特与那些工程学系出身的朋友们完全没有一点经营企业的经验。在这种事实下必须有第一次的合伙经验才能了解彼此的另一方面，这种代价也未免太大了。

也许，你将成为四位共同经营者之一吧！那么你是出资人，哈罗特是董事长，查理负责销售，富莱特则负责生产。最初，四个人可能会奉献性地努力、全力以赴。只是，时日一久，四个人当中或许会有两个人于半途失去了奉献的意愿。即使是一项成功的事业，也不可避免地会发生这种情况。于是工作变得非常辛苦，每周忙碌七八十个小时的重担一旦压垮了某人或某人的妻子，结局的阴影便悄然而至了。

"查理那家伙每天花 3 小时享受 200 美元午餐之际，我还在此埋头苦干呢！"

"我今晚为什么要加班，他们不是在饮酒作乐吗？我所赚的每一块美金中，倒有四分之三跑进了他们的腰包！"

紧接着，他们也开始对你不满："为什么我们赚的一块美金要分他两毛五呢？他不是什么都没做吗？"

人总是健忘的。当初你为了使这家公司成立而贡献的资金，他们永远也不会心存感激地想起这档子事。因此，你将会很快地被合伙人问及"你现在到底为我们做了些什么"。

如果你执意参加他们这项合伙事业，我想我们必须按照程序做几件有助于减轻将来痛苦的事。目前，对你最为有利的，就是你了解他们诚实、聪明、勤勉的程度。依我之见，你最好与他们详谈前述所列举的否定因素。关于你所投资的经费，所

做的牺牲，以及必须长期忍受的无聊工作等现实问题，还要有心理准备。因为，除非这项新事业的确与众不同，否则势必要拼命努力才能期待成功。你不妨将想法整理成书面资料，那么即使企划于半途流产了，至少对方会承认你的警告是值得尊重的。

此外，对于共同事业股份的分配问题，也要认真地考虑。据我分析，哈罗特跟你平起平坐，至于查理和富莱特虽然有其重要性，毕竟不是扮演领导者的角色。而每一个人都希望自己能拥有或多或少的事业所有权（否则，怎么期待一本万利呢），所以倒是有若干个使大家都称心如意的方法。哈罗特可能会赞成由你们两人拥有大多数股份的想法。比方说，与你平分80%的股份。到此为止，一切还不成问题，这时你应发挥一向的稳健作风，以免将来后悔莫及。你也必须告诉查理与富莱特，他们俩所持有的股份将各占10%，在这个时候，绝没有攀论交情的余地。因为交情对于事业而言，无疑是一种破坏性的、不理智的因素。然后，将税前一年总盈余的30%分配给他们三人，换句话说，即一人得10%，这将对每一位合伙人产生两种刺激：一为持股（一般而言，于事业发迹及负债偿清之前，不会发现这只不过是个稍纵即逝的梦想而已）；另外，为每年所支付的利益分配（我们期待它是一种努力的报酬，实际上往往是以拿到的现金去支付）。

为了尽可能避免将来发生纠纷，你最好召集你的三位合伙人、会计师及律师，共同评估你们每年所持有的股份。一旦将来有人对其他合伙人主张他所持的股份应具有更大的价值时，

关于你所投资的经费，所做的牺牲，以及必须长期忍受的无聊工作等现实问题，还要有心理准备。

那么与此人解除合伙关系将会与离婚一样麻烦。因此，为了预防将来有人卖掉自己的持股，必须规定每年都要进行例行的持股评估。这样，即使想要抽身而退，也能确知自己的财产状况。

关于这一点，我绝非"信口开河"，因为我很清楚，支撑那项事业的是你的资金，所以务必要选定会计师和律师为你主张。如此，你对于自己的资金及合伙人的资金，就能够形成某种程度的控制了。

你我共同经营的事业，目前正在勤勉和友爱中欣欣向荣地成长。倘若你一定要投身冒险性的事业，我只有深深地希望那项合伙事业也同样充满着勤勉和友爱，并祝愿你能够一切顺利。最后，我想对你说：怕，就会输一辈子。不入虎穴，焉得虎子。爱拼才会赢，敢于冒险的人生才有无限可能。

你的父亲

约翰·皮尔庞特·摩根

第15封信

会赚钱是本事，会理财是大事

摩根说

　　要积蓄一笔资金，需要长久的时间，但是要将这笔钱花掉，却只需一眨眼的工夫。即使有一条只能赚入1美元的门路，你必须脚踏实地、按部就班地进行，千万不要投机取巧，另辟捷径。

华尔街之王智慧格言

1. 金钱有两种用途：一是用来投资，赚取利润；二是用于享乐生活，无度挥霍。
2. 贫穷也可以成为人的一项资本。
3. 金钱可能为你带来虚伪的朋友，他们围绕在你身边，不断给你灌迷魂汤，使你迷失了自己。
4. 金钱不能作为选择人才的标准。
5. 人一生的喜怒哀乐，几乎都围绕着钱财打转。
6. 信用比巨额的钱财更宝贵。

第15封信　会赚钱是本事，会理财是大事

亲爱的小约翰：

　　我一向很少批评你，不曾在哪些方面限制过你，因为我不想把你束缚在我的模式之下。但是，最近发生的一些事，让我感到很担心，使我觉得有必要写这封信给你，就金钱方面的问题跟你交流一下。

　　这件事的起因是会计室曾请我承兑两三张清单，这件事使我深感疑惑。你那一笔巨额的招待费，像是招待了王公贵族似的，但在我的印象中，我们的客户里并没有什么王公贵族。那么，是客人要求你这么隆重地招待他们的吗？还是你自己染上了奢靡浪费的恶习？

　　在顾客或是朋友们的眼里，你是一个非常海派的人。适度的大方是应该的，我并不认为这是错误的。但是，太过于浪费，就有故意摆阔的味道了，我不认为这是一件好事。

　　金钱有两种用途：一是用来投资，赚取利润；二是用于享乐生活，无度挥霍。钱可以买来赏心悦目的家具，也可以买来一夜的酩酊大醉，而不必考虑明天的生活。我最担心的事情就是：不知道钱的正确用途，以为充阔佬、出手大方，就能博得其他人的好感。

　　你一定知道第一印象的重要性。但是，去豪华饭店招待新客户，固然是体面而且很快乐，却不见得能给客户留下良好的

相信自己够勇敢：摩根写给儿子的 32 封信

第一印象，对于这一点，你是否认真考虑过呢？事实是，顾客已经实地参观了我们公司，也接受了 100 美元的用餐招待，他们决定怎么做，心中早已有数了。你应该做的事情是充满自信地与他们谈生意，而不是把你的钱包（实际上也是我的钱包）掏空。

另外，你是否明白，你这种花钱如流水的奢靡态度，很可能使许多顾客对你敬而远之。因为他们会想，你手中的钱正是从他们身上赚走的，甚至还会怀疑你卖给他们的价钱是不是太高了。如此一来，他们不免考虑以后是否仍要和你做生意。而你为了和他们继续保持业务往来，必须付出加倍的努力以跟别人竞争。

让客户明白我们公司的财务实力雄厚固然重要，但是浪费金钱，却会被人认为是愚蠢的行为。企业家的工作就是利用现有的资金去创造更大的财富，而绝不是把财富无度地挥霍掉。一个奢靡挥霍的人，非但不会得到受益者的尊敬，反而会被他们在背后讥笑为傻瓜，而不愿与他交往。

在某种意义上讲，贫穷也可以成为人的一项资本，对此我深有体会。每当我追念过去，我会非常感谢上帝，他赐给了我你未曾有过的资产。你一定想象不到，在我幼年时，家境是如何的清寒，有时过着三餐不继的日子。在我的故乡，也有一个富翁，他的生活很富裕，无论是住宅、轿车、服装，都是一流的品质。每当给慈善机构捐款时，他也总是捐钱最多。我决定详细观察他赚钱的方法，于是我听到了许多关于他的传闻：他是一个很难相处的老板，对员工要求非常严格，即使是 10 美元

第15封信 会赚钱是本事，会理财是大事

的利息，也要压榨得分毫不剩，因此许多人称他为"顽固而吝啬的富翁"。如今我回想起来，事实并非如此，这完全是由于别人嫉妒他的成功，而幻想如果自己一旦富有起来，决不会这么做，所以随便冠上那些恶意的评语。

在这个小镇，那个富翁犹如生活在玻璃缸里的金鱼，他的一举一动全部成为大家瞩目的焦点，与他有关的消息就是全镇人茶余饭后的话题。我曾见过那些在他背后把一件小事添油加醋、大肆渲染的人，却在教会里对他阿谀奉承，说他"气色很好""是一个成功的企业家""待人和蔼可亲"，等等。但是，他从来不被这些虚伪的赞美所蒙蔽，他会以亲切的言辞同样赞美他们的帽子、胡子或准备的茶点。他很清楚这些人如何觊觎他的财产，如何在他背后散播一些无聊的话，但是他不把这些事情放在心上，在每个礼拜一的上午，再回到工厂里，让机器转动，让钱财滚进他的口袋。

我的母亲常说这样的一句话："任意让小钱从身边溜走的人，一定留不住大钱。"现在想来，她的话非常有道理。我想对你说的是，金钱可能为你带来虚伪的朋友，他们围绕在你身边，不断给你灌迷魂汤，使你迷失了自己。我的那些朋友都是从小就结识的，他们的友谊绝对不是建筑在金钱上面的，况且他们本身也小有资产，所以你不必怀疑他们。主要是你，你从小生活在富裕的家庭里，身边的朋友，哪些人是真心对你，你必须仔细观察。

大家都喜欢和有钱的人交往，这是人之常情（至少大部分的人都是如此），也许是因为和有钱人交往，可以享受到他们

不曾享受过的东西。你的朋友当中,一定不乏这种人吧。对于那些因为你的家境富裕而想成为你的朋友的人,你必须提高警觉。另一方面,有些正直的人,为了避免你怀疑他的居心,而和你保持一点距离,只维持纯粹的友谊,你也千万不要忽略了他们。这些人通常都不会主动地发邀请函或招待券请你出席某次宴会,但是,看到你的出现,他们总是满心欢喜,亲切地和你寒暄问候。这种心理很微妙,也许他们是不愿意让别人误会他们故意和你沾亲带故。

得到一个真正的朋友不容易,而想要失去一个朋友却非常简单,最有效的方式便是借钱给他,不过你千万不要尝试。切莫答应朋友借钱的请求,他若是真的需要钱,大可以向银行贷款。要知道,借钱与否,并非是用来衡量友谊的天平,这是千古以来始终不曾改变的事实。相反,假如你的朋友遭遇困难,你可以主动伸出援手,如此非但不会损害你们的友谊,他反而会心存感激;当他有能力时,必定会偿还这笔款项。你们的友谊也会历久弥坚。

金钱不能作为选择人才的标准,请你牢记这一点。狄米斯·托克斯为他的女儿选择终身伴侣时,从不考虑对方的家产,他宁可挑选贫穷但是人品好的人,而不选择家财万贯但是人品不好的求婚者。

我对于自己白手起家创出今天这番事业,颇引以为荣。请允许我的自鸣得意。现在,你加入我们工作的行列,应该格外珍惜这份福气。

你若想做出一番大事业,引人注目,受人尊敬,就必须拿

第 15 封信　会赚钱是本事，会理财是大事

出成绩，为公司开创出更加蓬勃的新局面。否则我将拿一把锤子，敲打你因充满傲气而鼓胀的胸部，直到你俯首承认自己只是一个普通人物为止。我这样说，并非要禁止你为自己小小的成功举杯庆祝。你可以在不过分铺张的情况下，和亲密的朋友互相祝福。如果你能够这么做，那么当你失败时，也只需向这几位朋友倾吐，而不必公之于世。

我经历过穷人和富人两种极端的身份，因此可以很明确地告诉你，做一个富有的人，当然是比较好，但他们通常会感觉孤独。因为当你拥有大批财产以后，要寻找一位正直、忠诚的朋友，将是非常的困难。

财富有时可以看成幸福的代名词，处理得当的话，你将从金钱上获得莫大的快乐：人一生的喜怒哀乐，几乎都围绕着钱财打转。有了钱，你可以享受世上许多美好的事物，但也因为有了钱，周遭的亲朋好友似乎变得别有企图。得失之间，全凭个人的感受来衡量。

聪明的人，较容易成为富者，但是，一旦变得富有，就会流于愚蠢（他的妻子也会变得愚蠢），这种现象随处可见。他们把辛苦攒来的钱，在短时间内付之东流的原因不外乎是投资失败、挥霍无度。

财富原本就是让人享乐的工具，我并非要你做个一毛不拔的守财奴，你应该当用则用、当省则省，不需为一分一毫伤神（你母亲就是一个凡事考虑太多的人），因为没有人可以清楚地记得每一分钱用到哪里去了！

公司里有几件事，你必须铭记在心：即使是 1 分钱，你也

人一生的喜怒哀乐，几乎都围绕着钱财打转。

第15封信　会赚钱是本事，会理财是大事

要格外珍惜，当成一粒种子，播种后，辛勤地耕耘，并借助上帝的照顾，到了第二年，这分钱就可以成为2美元，这个道理就是积少成多，积沙成塔。当然，要等到成长至10万美金，甚至200万美金，还有一条漫长崎岖的道路要走。

金钱也像种子一样，能够成长繁殖，你的信用会因资金充裕而变得更加巩固，为了及早推动计划，你必须有良好的信用作为凭借。倘若你一文不名，那么要向别人借钱，将会是一件难如登天的事；反之，如果你自己已经拥有100万美元，再要向别人借100万美元便易如反掌。公司员工待遇的改善、工厂设备的改良，也都需要资金，所以，切莫轻易让一分一毫从你手上流失。

要积蓄一笔资金，需要长久的时间，但是要将这笔钱花掉，却只需一眨眼的工夫。即使有一条只能赚入1美元的门路，你必须脚踏实地、按部就班地进行，千万不要投机取巧，另辟捷径。要知道，通往成功之路非常之少，而且每条路都相隔甚远，你一旦觅得了其中一条，就必须站稳脚跟，坚持到底。有不少这样的例子，当人们从某一项事业中赚取了利益时，就得意忘形，自以为是天才，想要再开创另一番事业，于是远离了当初致富的途径，终至把以前积存下来的产业都赔了进去。这些人失败的原因就在于误以为自己能够点石成金，移山填海。

如若你不爱惜金钱，任意让它从身边溜走，那么我要告诫你，在这个世界上，需要我们伸出援手的人不计其数。从你上个月的清单来看，你交际费的数目之大真令我吃惊，你似乎快要沉沦于金钱的大海中了。

《圣经》中说:"金钱是万恶的根源。"《传道书》中也载有:"酒肉、聚会令你欢笑,但是金钱带给你更大的满足。"对于这两种说法,我都不能苟同。我认为金钱和常识、亲切、勤勉、愉快、欢乐都有关系,也希望你能依照我们家的传统,谨慎考虑钱的用途。

要知道,信用比巨额的钱财更宝贵,所以,下一次的晚宴、派对,我希望你能坚守信用。你必须妥善保管自己的钱包,更须小心处理公司的财务。名誉和财富,很可能是稍纵即逝的装饰品,但是信用却是你一生幸福的支柱。美满的家庭、健康的体魄、真诚的友谊、忠实的员工、真挚的爱情以及受人尊敬,这些都是用金钱买不到的宝物,而且一生受用不尽。

你的父亲

约翰·皮尔庞特·摩根

第 16 封信

平衡工作和生活,原谅你的不美好

摩根说

　　踏入社会的人,对于自己的所爱以及爱自己的人,必须具有特别宽阔的包容心,太太也会努力去配合先生的步调。有许多父亲每天忙于加班,挪不出时间和孩子相处,这是很悲哀的现实。

华尔街之王智慧格言

1. 你不可能指望读了一本书就能改造生命，否则，你就彻底完蛋了。

2. 旅行能够增加人的知识和见解，而这些正是管理事业的基础。

3. 大自然是这个世界上最了不起的企管顾问。

第 16 封信　平衡工作和生活，原谅你的不美好

亲爱的小约翰：

　　我发现你最近留在公司和客户那里的时间越来越多。看到你为了公司的发展兢兢业业地工作，我由衷地感到欣慰。但今天我想对你说的是，如果有些时候，对每天上班感到厌倦，对工作失去了兴趣，那也未必是什么坏现象。

　　为了让我们的每一家公司都能够维持良好的现状，作为领导人的你必须每天出勤，但是未必要事事躬亲。因为你不可能有那么多时间，你也有做得不够完美的地方，最主要的是必须让多才多艺的员工各尽所能、发挥所长。

　　为了拥有优秀的管理团队，领导人的当务之急是必须为公司的各个部门选择优秀人才去管理，我想对这一点我们公司已经实行了。领导人的第二任务，也正是你自己的任务，就是传达意见。也就是说，在你和开发商之间、你和客户之间以及你和员工之间，谋求彼此意见的沟通。

　　如果你能够妥当地分配时间，你就能够胜任这项工作。通常情况下，每周完成这些工作，例如参加开发专案研讨会、选定新工厂或特别的设备、设计新产品，或者制定下一季度的成长计划等，需要利用 20 个小时的时间，剩下的 20 个小时，你就可以自由运用了。

　　谈到领导力的时候，你可能会发现，很多人以二号人物的

身份，很漂亮地完成了任务，理由很简单，因为他们的能力只能坐第二把交椅，欠缺担任首脑所必须具备的天分。有不少人为了维护自尊，硬着头皮接下不适合自己的、职责过重的领导人职位，其结果就可想而知了。

头号人物必须有才能、视野宽阔，不过，具备这些条件的却又很少有人有机会得到这种恩赐。你一定注意到了，我至今仍在让你做一些讨厌的事，其实我这样做是有目的的，主要是为了扩展你的视野，开拓更宽、更远的思想，以使你具备完美的实力来接任董事长的职位。现在这一天终于到来了，你有新的任务在身，不过我还有个请求（我已经不能对你下命令了），希望你能够继续努力不懈，为了配合公司的动向和步调，希望你继续利用每一个机会。如果你办不到，我也不能期待我们的公司今后还能维持今日的繁荣和高度的竞争力了。

说到这里，让我们来回想一下你晋升之前，我们曾经一起讨论过的种种问题吧，这将会对你十分有用。

你在上大学以前，打算只选修与企业管理有关的科目（当然包括训练酒量），不久，你发觉有必要加强本身的修养，于是在研读企业管理、财务的同时，又选修了经济学、政治学、产业关系、英语、历史，甚至天文学。当你毕业了，除了会整理、分析财务报表之外，还储存了广博的知识。

读大学期间，考试逼你不得不埋头苦读，你看的书的确已经够多了，却没想到毕业后，你的上司（就是我）却摆了好几本书在你的书架上。我没有其他的意思，只不过是希望你能继续完成最重要的自我教育罢了。亨利·大卫·索洛曾经说过："有

第 16 封信　平衡工作和生活，原谅你的不美好

许多人，读了一本书，就荒谬地以为能够藉以打开生命中新的篇章。"是的，你不可能指望读了一本书就能改造生命，否则，你就彻底完蛋了。因为任何一本书都在揭开今天复杂的社会真面目，但却只有极少数人想知道究竟，比如当你看完了克劳德·霍布金斯的《生活在广告业》一书时，你分析了企业家精神的所有层面而感动不已，然后我们去旅行。你从 12 岁就开始出国旅行，我欣慰地注视你兴奋的脸庞，面对外国的风俗和习惯，一边听取你的感想，一边回答你的问题。20 年后，你对外国工商业的做法很感兴趣，始终保持着周密的观察和分析。你无时无刻不在为提高公司的效率而学习新的事物、新的方法，外国对你来说已经不再是神秘的世界。在某些方面，其他人确实比我们强，你一旦知道其中的道理，总会表现出希望和别人一样的好，我为此倍感喜悦。

的确，旅行能够增加人的知识和见解，而这些正是管理事业的基础。试想，如果没有了客户和员工，我们又能够做什么呢？旅行也能够拓展你对事业管理的看法，我们公司的主要业务是投资管理，你凭借和世界上各个角落的人的接触，学到了应该把事业向更远、更广的地方扩展。

我们有很多成功的会议，大多数是在独木舟上召开的。让人感到意外的是你天生喜爱大自然，我们能够一起享受那份喜悦。对我而言，没有什么比宁静的森林更值得我感谢，因为它替我整理了杂乱无章的思绪。

不知从何时起，我常在旅行中，告诉你某个问题的解决办法。迟迟不能决定的事，或者遇到挫折的事，我把相关联的事

实一一列出，然后把问题交给你，不久就能够一觉睡到天亮。每当在划独木舟、垂钓或狩猎的时候，随着时间的消逝，无意之间思绪已经被整理了，简直是太美妙了！当垂钓或狩猎的旅行将结束时，头痛的问题已有了解决的对策，行动的方针已经决定。那些对策大都是直觉性的解决方法，所以，没有什么比得上宁静的大自然更让人觉得成效卓著，的确，大自然是这个世界上最了不起的企管顾问。

你除了结交新朋友外，还和高中及大学时代的朋友保持联络，对此我感到很高兴。我同意友情是无价的，能够拥有能和你分享喜悦及痛苦、互相帮忙、互诉心声、互相激励的朋友，是何等欣慰的事！

你很喜欢家庭生活，除了感到喜悦，你也希望它永不改变。在工作和家庭两方面，你总是能够适当地分配时间，使之协调，在这方面你做得还是很不错的。踏入社会的人，对于自己的所爱以及爱自己的人，必须具有特别宽阔的包容心，太太也会努力去配合先生的步调。有许多父亲每天忙于加班，挪不出时间和孩子相处，这是很悲哀的现实。

很多年轻人（有些年轻得让人难以相信），染上麻醉药物、酗酒等所有不健康的习惯，这已经是不会再令人感到惊异的事实了。当然还有更多的人放弃了学业，想到自己的将来，想到没有人关心自己，他们也是无可奈何。一定也有许多成功的人，希望时光能够倒流，让自己重新来过，好拾回失去的一切！

在这个世界上，我认为没有什么事比带孩子去钓鱼更重要的了。这该从他小时候就开始！目的并不在于钓到许多的鱼，

第16封信　平衡工作和生活，原谅你的不美好

而是和孩子共度的时光。这些共处的美好经验可以使你们彼此产生深厚的友情，而这份友情会成为你在痛苦时唯一的希望。

年轻人需要人生的刺激。当你驾独木舟过激流，或是十六岁就开汽车时，我总是如此安慰自己，不过，你的（还有我的）冒险行为，总是让你可怜的母亲吓得险些晕倒！

工作之外的兴趣也非常重要，如果不让头脑偶尔休息、轻松一下，就不能有效率地工作；如果一天24小时都惦记着工作，那迟早会病倒的。所谓保持生活的平衡，就是利用假日做自己喜欢做的事，譬如运动（你最拿手的网球，最能松弛紧张的神经，保持强健的体魄），或者和家人共度快乐时光。如此一来，想要打倒一直保持平衡生活的人，实在是一件难上加难的事了。因为你的工作态度是合理的、健全的，最重要的是，你的头脑里没有塞满生活的琐琐碎碎。

有些人身居要位，却总是抱怨"高处不胜寒"。其实，关键在于你以什么样的心情去面对员工和客户，还有在你到达顶点的途中，是否抛弃了朋友。我无法完全了解这种大人物的心理，权力让他们膨胀了自我，眼里再也容不下其他的人、事、物，当然会感到孤独了。或许他们自认为是为家人、为全人类谋求幸福，而牺牲了自己，我倒认为他们只是在为自己而活。我认为那种大人物不值得感动，希望你也不要被他们的光环所迷惑。我心目中的成功者是：面对问题能够做理智的交谈、结交朋友、保持身心健康、信守中庸的人。这种大人物才值得我们敬仰。

你一定知道，自己将成为公司的真正领导人。大多数的家族企业，或非家族企业形态的公司，都习惯性地先晋升自己的

家人。有很多董事长，正是因为他们有对家庭的强烈的义务感和责任心才坐到了领导人的职位，但是，如果他未能进入公司接任董事长时，就面临重大的难题了。

为了使你有稳定的经济收入，也为了预防我突然死亡，在我的内心（还有每年修改的遗嘱中），公司的继承人很早就选定了。而且，正是因为你的努力以及储存的知识，为你赢得了那个注目的地位和名誉。

威廉·华兹华斯有句诗："明朗地回顾昨日，并能掌握明日的人。"

我以这句诗作为我个人对你的资质的评价。最后，我必须再附加一句：

我对你有足够的信心！

你的父亲
约翰·皮尔庞特·摩根

第17封信

梦想这条路踏上了,跪着也要走完

摩根说

　　为了不让任何一位有能力的企业家无用武之地,某种程度的野心固然是必要的;可是一旦步入贪婪的战场,那将是一件十分悲惨的事!

华尔街之王智慧格言

1. 在做任何事之前,要制订妥善的方案,要注意切合实际、量力而行。
2. 公司成功的背后,隐藏着若干因素。
3. 年轻人应该有创意。

第 17 封信　梦想这条路踏上了，跪着也要走完

亲爱的小约翰：

　　任何一个有事业心的人都希望扩大他的事业，尤其是像你这样雄心勃勃的青年人更是如此。你希望扩大事业我能理解，很佩服你的胆量，也十分欣赏你的勇气。只是，在做任何事之前，要制订妥善的方案，要注意切合实际、量力而行。

　　说实话，看完你那份扩大事业75%的方案后，我心中很为你的大手笔方案而激动。想想看，你在这个行业只有3年的资历，就此而言，这无疑是一项颇具魄力的大计划。为了这个公司，你运用创造力，设计了极富野心的前景，但我无法了解这项计划的依据，以及你有这种展望的动机到底是什么？因为，我们公司目前的业务并未100%地发展，只是以20%～90%的能力去工作。事实上，我们的事业并未到达非扩大不可的地步。虽然我们公司有办法较平常提高120%的生产力，可是假如我没有记错的话，过去即使你付出最大的努力去销售，公司也仅有两次机会将生产力提高到这种程度。

　　按照你的观点，认为我们的竞争对手之所以能够广接大量的订单，在于他们有我们所欠缺的设备。我不想和你争论这件事，不过，根据我对那家竞争公司或多或少的认识，我的看法是：第一，该公司提供本公司所没有的若干服务这一点，在经营方针上与我们大相径庭。本公司之所以不提供该项服务，是因

相信自己够勇敢：摩根写给儿子的 32 封信

为我们不愿意去尝试某种包装。想要接大量的订单，必须首先开发大量的订单，否则就很不合算。因此，对于那种特制品，我并不羡慕竞争同行的设备和他们所做的投资，因为即使对方的销售量能够维持目前的水平，却无法期望销售量能够继续增加。毕竟，我们的顾客对于所贩卖新产品的包装种类已经更加谨慎地比较过了，依目前所能够生产的产品有 34 种、不能生产的产品有 14 种的情形看来，这种生产比率在业界已经很不错了。我们公司近几年的业绩按每年大约 30% 的比率增长。我想，过去我们已经竭尽所能了。为了不让任何一位有能力的企业家无用武之地，某种程度的野心固然是必要的；可是一旦步入贪婪的战场，那将是一件十分悲惨的事。

由于种种条件的限制，目前我们仍然无法以更迅捷的速度扩展事业。即使你断言我是一位超级保守者、懦弱者，我也仍然希望你能够站在一名董事长的立场（暂且脱离销售的立场），设身处地、冷静地检讨当前的问题。即使在目前的乐观的成长率之下，添置新设备及扩充工厂，也会将银行最大限度借贷的资金，甚至连税后的盈余都会消耗殆尽。一想到银行中的累累负债逐年俱增，还能说我们在商场中已经站稳脚跟了吗？而偿还借贷和支付利息，也还需要数年的时间吧！所以，我期勉你在销售部门中，切莫停止划动手中的桨，务必努力再努力，前进更前进。

即使我们能够克服这方面的障碍，借到充足的资金，而为了确保产品的质量能维持过去一贯的高水平，势必又会面临着另一个问题——训练新进的职员。你一定还记得，进公司第一

第17封信　梦想这条路踏上了，跪着也要走完

天时咱们二人的谈话吧。我曾向你强调，公司成功的背后，隐藏着若干因素。其中最大的因素，就是必须具备工作调度者、机械工、领班，以及干练的一般职员。如果欠缺了其中的任何一项，你将使我，也使你自己，在半年内变得一贫如洗。

我们公司在去年增加了15%的员工，而这些新进员工多半没有从业经验。由于我们这一行有经验的员工并不多见，因此对于那些以各种理由辞去其他公司的工作，转到我们这里的人，不得不提高警觉以防其图谋不轨。如果他们是因为不满竞争同行剥削劳动力，才到我们公司来工作的话，应该不会只有一两人吧！依我看来，他们极有可能是由于某些原因，而无法在原来公司中继续待下去了。总之，进入本公司的职员，最好自一开始就以我们的方式去训练。要知道，让一条老狗学习新把式是相当困难的，而所需的费用也相当可观。

当今的社会正在不断地成长与进步，然而，有些企业家却比较消极。他们认为，只要所开发的新项目有了实际利润之后，便可认为最艰苦、最危险的时期也已过去，已经克服了偿还债务，以及创业时所带来的一切烦恼。即使失去了大量的订单和重要职员，整批产品都被退回，也不会因而遭受致命的打击。到了这种地步，已可谓稳如泰山。既然事业已进入水平飞行的阶段，实在无须扩展，因为即便遭遇上述的一两个危机，公司也不会垮掉，所以只管放心、安稳、舒适地坐着好了。

扩充大规模的事业，几乎可以说是要从头做起。因此，为了使扩大的事业步上正轨，必须开拓新客户；而为了支付扩充的费用，以及伴随而来的种种问题，势必非由扩大的事业中赚

取高额的利润才行。有些企业家采取绝不使公司承担风险的做法，于平稳中追求成长。为了达到这一目的，必须要有抑制野心的严格的自制力，以及我的"勿贪得无厌"的原则。

很不幸的是，事实上有些企业家正是因为盲目地扩大事业而一败涂地。你也许对此感到意外，但毕竟，具有东山再起的魄力、耐力或财力的人实在是少之又少。这或许是贷款人对于此倒霉者的判断力所给予的警戒吧！

依我看来，按照公司一贯的方针，以不勉强自己、银行也能放心贷款的速度追求成长，才是明智之举。如果只是为了与竞争对手一较高下而盲目扩充事业，似乎有点太冒险（你也知道我并不是一个很容易畏惧的人）。因为我们若想以相同的产品力挤他们的特制品，自然无法跟人家竞争。事实上，我们应该以自己的特制品从同行业的竞争者手中夺取订单，而公司也有办法立即应付这种订单。

所以，约翰，将你的销售创意朝这个方向发展如何？那么我将满心欢喜地加班，为你所取得的所有订单而努力，以遵守合同规定的交货期限。

年轻人应该有创意，我盼望能够一再地听到你的创意。至于你想将公司的这班列车以超出原来120%的速度疾驶，我不表示任何异议，我只祈求前途一路顺畅，因为一旦脱轨，后果可就不堪设想了。

你的父亲
约翰·皮尔庞特·摩根

第18封信

提升领导力,人们就会追随你

摩根说

你如果希望别人将你视为领导者,就一定要让你的团队能按你的意志而行动。切记,领导者要率先行动,才能领导别人,只要你停下来,别人也会跟着停下来。你自身的行为,决定着全体员工能否充分发挥能力。

华尔街之王智慧格言

1. 愈年轻,愈能做好工作。
2. 领导者要率先行动,才能领导别人,只要你停下来,别人也会跟着停下来。

第18封信　提升领导力，人们就会追随你

亲爱的小约翰：

恭喜你被同业团体推荐为会长。以你的年龄能从众多能干的会员中被选出来，这表明了你出众的才干，我由衷地为你感到骄傲。这对你来说是一件很荣耀的事，你现在也一定很欣慰，可是你看起来却有点忧心。

要统领这样的团体，你因为太年轻，难免感到不安，这很正常。我想对你说的是，前任会长比你年长许多，这并不意味着你不能成为一名优秀的领导者。过去的会长根本不具备领导者的条件，只不过是业界朋友捧场选出来的，而在他们的任期中，难免做出很多对业界不利的事情。以你目前在公司的地位，工作量已经够多了，公司里的工作一点都不容马虎。但我觉得，你为自己的年龄而感到不安，这一点儿都没有必要，重要的是你能够从这一职位中得到别处没有的经验。实际上，愈年轻，愈能做好工作。因为，年轻就是力量，年轻就是本钱，现在正是你接受大量工作考验的最好时机，因为你有比别人更丰富的精力以及更坚强的意志。

有人认为，领导者生来就具有领导能力，这样的情形的确有很多，可是你要记住，利用学习而成为领导者的人绝不在少数。只要你肯学习，你就能成为会计师、医生、护士或印第安酋长，只要你想。

相信自己够勇敢：摩根写给儿子的32封信

一名优秀的领导者，首先要疏通人们的意见，和每个人都保持很亲密的关系，和别人联结起来，让人们主动配合你的工作。还要以你卓越的思考力，想出实行的方法来。找可靠而有革新想法的人来帮助你，选出重要的同事，这是很重要的。其次，处理问题时要抓住问题的核心，你可以先把问题全部写出来，并附记所有的背景。在一两天之间，把相关者集中起来，对问题进行彻底讨论。开过会议后，你就能将原本模糊的概念整理出一种战略和想法，再两三日你便可以理出处理事情的先后顺序了。

接下来，领导者要以果敢的态度，站在同辈前头。实行计划时，你要按顺序去分配工作，由公司选出最适合的人来担任这个任务。设置一个计划特别委员会是非常有必要的。如果你没有注意而疏忽了，你就会遭到失败。

委员会最重要的当然是委员长。委员长这个职位人人都喜欢，可是很多人却不能真正完成使命。无论多么优秀的领导者都可能犯错误，但我们不能像避免疾病一样去避免它。当你意识到自己犯了错误时，应立即改正。如果有人以忙碌为借口，而疏忽了同业团体的工作，你就应该明白地告诉他，并且巧妙地辞去他的职务（如果他能自动引退，当然更好）。你在选择委员时，更要重视对方的经验，如果你幸运地聘请到那些经验丰富的人，将他们安置在这个重要的位置上，那么，你的每一项任务都将顺利地达成。同时在遇到逆境时，他们也会引导你。我以做父亲的偏爱，认为你一定会成为一名优秀的领导者。你说话时一定要深思熟虑（话不要说得太多）；该做的事情，一

第 18 封信　提升领导力，人们就会追随你

定要切实执行。这样你就不仅不会输给别人，而且还会树立新的典范。

将来你一定会面临很多的难题，你可能会想这些问题可以叫查理去做，也可以叫弗里特处理，或者让乔治做，我劝你千万不可存这种想法，问题必须靠大家一起商议。你也要划清每个人的责任范围，不管多么困难，应该由你下的决断，不可推诿给特别委员会的委员长。前面我已经说过，遇到问题必须先抓住问题的重心，充分了解每一件事的每一面，而且不管哪一件事情的决定，都要由你最后进行裁决（或经由你同意）。你有时必须违背别人的意见。你若想做一位负责任的领导者，这种尴尬的情形就无法避免。

你一定会遇到难以想象的惨败，但失败并不可怕，因为在失败中可以很快地累积经验，这是在成功的过程中所无法体验的。也许你会认为在众目之下，失败是一件非常可耻的事，从而想到下台恢复到没有责任的岗位。一个领导者的成功与失败，就决定在这一点上——遇事能否有坚持下去的勇气。遭遇失败时，你首先要分析失败的原因，对事实加以说明。其次要负责，绝不能把自己藏起来不露面，也不可消沉（向别人要求同情不是一个领导者应该做的事），最重要的是你千万不要失去你的干劲。面对失败，你要认真地实施计划，发挥最大的努力，这才是一个优秀而且合格的领导者。

你如果希望别人将你视为领导者，就一定要让你的团队能按你的意志而行动。切记，领导者要率先行动，才能领导别人，只要你停下来，别人也会跟着停下来。你自身的行为，决定着

领导者要率先行动,才能领导别人。

第18封信　提升领导力，人们就会追随你

全体员工能否充分发挥能力。

任何问题都具有两面性，所以必须用两耳去听。我们大部分的人都不能完全掌握每个问题的所有角度。但是如果会长把耳朵或思想堵塞起来，对事情的结果有一个先入为主的观念，那他就不可能成为一名优秀的会长。作为会长，对每一个提案，都要公平处理才行。这就要求你必须把握全部的事实，在全盘了解之后，你方能果断地处理。领导者必须很有耐性地参加各项会议，而且细心地发问，这样你自然就能做出非常妥当的决策。遇到困难时你要鼓起勇气，全力以赴，而做出决定时，你就会有一种成就感。如果情况发生变化，你也要有勇气改变原来的决定，并且充满自信。这就是优秀领导者的特质。

当了会长之后，你大部分的自由时间将被投入工作，这不可避免地会对你的家人产生不少影响，我建议你不妨带你的太太外出吃晚餐，然后对她说明情况。的确，来自你的朋友的夸赞特别令人感到骄傲。而更重要的是向困难挑战，在克服困难以后所得到的个人成就感，会令你觉得你这次任务特别有意义。

你做会长做得成功与否，可由一件事体现出来，那就是在你任期满了以后，你所进行的计划，继任者是否继续做下去。

另外，如果同事们极力夸奖你的努力，你这时要谦虚地对他们的夸奖表示感谢，人真正的性格，往往就在接受别人赞词时体现出来。

现在，你把大部分的时间都花在公司里，又为了行业的发展付出了很多时间从事没有报酬的工作。但是，在你卸任会长

的那一天，当你要回到董事长的位置上时，我敢说即使升你20%的薪水，你也还是会有一些失落。因为，你所学到的经验、获得与处理信息的能力、人际关系及对行业的整体认识，这些都是你担任会长工作时所得到的报酬，这是薪水所无法交换的人生财富，具有薪水无法替代的价值。作为优秀会长所带来的成就感也是董事长的职位所无法给予你的。

你的父亲
约翰·皮尔庞特·摩根

第 19 封信

高效演讲,有逻辑地说服别人

摩根说

　　演讲体现了一个人的综合能力,你在这方面的功力如何?我不敢肯定。但我知道你至少具备了优秀演讲者所必需的几项最基本的要素:第一,一张能言善辩的嘴巴;第二,一副冷静而睿智的头脑;第三,一双强壮结实的腿。

华尔街之王智慧格言

1. 张口讲话这很容易,但如何能把话说得得体、漂亮,却是要下一番工夫的。

2. 真正高明的演讲者,还具备一项秘诀,那就是呼吸的控制。

3. 一名成功的演讲者,一定能够适时让听众参与进去。

第 19 封信　高效演讲，有逻辑地说服别人

亲爱的小约翰：

　　获悉你的母校邀请你返校，为你年轻的学友——即将踏入社会的应届毕业生做报告，这是很荣幸的事。我知道以后，打心眼儿里为你感到骄傲。想必你在读大学期间，一定很受教授们青睐（这一点，从你以前的成绩单上就可以看出来，而我却望尘莫及）。

　　我想象，你在刚接受这项邀请时，心里一定得意扬扬。不过，现在当你恢复平静以后，是否对这项光荣的任务，感到忐忑不安？

　　我不知道在你步入社会以后，对于行业的看法，与你读大学时的看法是否有什么不同？这种体验是否是你的个人财产，我不得而知。我记得你曾经说过，原先没有想到过要在父亲这样难缠的老板手下工作。我在这里想提醒你的是，其实大部分的上司都是很讨人厌的，这一点可能是在校的大学生们没有预料到的，你可以顺便告诉他们。

　　演讲体现了一个人的综合能力，你在这方面的功力如何？我不敢肯定。但我知道你至少具备了优秀演讲者所必需的几项最基本的要素：第一，一张能言善辩的嘴巴；第二，一副冷静而睿智的头脑；第三，一双强壮结实的腿（至少上次看见你时，你的确如此）。

首先，我们来谈一谈嘴巴。张口讲话这很容易，但如何能把话说得得体、漂亮，却是要下一番工夫的。发音要有技巧，咬字应清晰，用词遣字必须简单易懂，这些都需要经过再三的练习。但是，也有人从表面上看条件都具备了，唯独内容乏善可陈，使听众感觉不知所云。所以，内容是否得当？音量是否适中？发音是否正确？主题是否鲜明？每一方面都需兼顾。

你必须尽快拟好演讲的草稿，因为接下来练习说话的工作，会占去很多时间，你先委托别人过目你的演讲稿，帮你修正不妥当的地方，经过几次的推敲琢磨，草稿完全修正以后，再进行说话练习。你可以站在书桌前（或者是寝室的化妆镜前）练习。不管你以什么代替麦克风，距离都不要超过六英尺至八英尺，否则你的声音就像是扯铃，忽高忽低，忽左忽右，很难让人听清。此外，你要把身体的重量平均分配在两腿上，不要左右晃动，以免分散听众的注意力。就听众而言，他们也不希望错过任何一句话（因为这是一场很棒的演讲）。

其次，真正高明的演讲者，还具备一项秘诀，那就是呼吸的控制。先做一次深呼吸，把一句语意连贯的话，从头到尾说完，不要突然中断，失去文句的完整性，也不要说得上气不接下气。并且要注意一点，不要说太多无关紧要的修饰词，语句要尽量简短，要能一气呵成。要想让这次的演讲成功，你就必须多多练习，面面俱到，以免到时候出一些令你懊恼的小差错。练习固然十分重要，但你别忘了，自己在家中练习和在大庭广众面前正式进行演讲，有很大的差别（除非你天生就是演讲高手）。刚开始演讲时，你全身的神经，一定会绷得很紧，但是

第 19 封信　高效演讲，有逻辑地说服别人

你也无须过分担忧，因为这种紧张的情绪，随着你经验的累积，势必日渐淡薄。目前你必须做好的事，即是练习调整呼吸、集中精神（在这一方面，我也没有很好的经验可以指导你。总之，你如果想做好演讲，唯有多做练习，多参加几次演讲）。

我们公司有一项讨论会，每次推派一位主持人负责简报，这是最有效的练习演讲的场合。在讨论会上，每个人都可以把自己训练成演讲高手。所有参加的人，都有一个和你相同的目的——训练自己的口才。在那里多练习几次，上台时就能做到从容不迫地开口，把以前的恐惧心理全部克服掉。

你一定也有和其他人相同的疑问，为什么我们在众人面前讲话，会觉得如此紧张呢？我想这种反应只是要提醒我们，我们只不过是个平凡的人：当一个平凡的人，站在讲台上，鼻尖对着一只麦克风，所有的灯光打在你身上，面对着几百双期待的眼睛，紧张的感觉是难免的。不过，下面的几个方法可以帮助你克服这些紧张的反应：

第一，将双手放在讲台两端，可以抑制双膝的颤动和快速的心跳。这个简单的动作会产生你意想不到的效果；第二，你可以把所有的听众，想象成正在听你倾诉的朋友，事实上，他们本来就是特地来听你演讲的；另外，还有一个小秘诀，就是你不妨把注意力集中在某一个人身上。

除了上述几点以外，记得以前我的一位朋友，还曾经说过："如果你在事前有充分的准备、无懈可击的草稿、丰富而翔实的内容，你就可以充满自信地站在讲台前，紧张的心情自然减至最低"。如此经过一两次后，你就不会再感到紧张了。演讲完后，

你所要做的就是等着听那些令你头皮发麻的奉承话了,这些是理所当然的回报。到这时,你已经成功地跨越了演讲的障碍,每个与会人士,都是特地来聆听你的演讲,汲取你的经验和见解的,你会有一种教化他人的成就感,这种感觉就是那些喜好讲演的人的最高目标。

熟谙演讲的人,绝不会说一些引起听众反感的话。相反地,他一定是想方设法让听众明白,他正和大家站在同一条战线上,他对于听众的关心和支持表示敬意。他必须在一开始时就给听众留下这样的印象,并且在接下去的时间内,一直牢牢地抓紧听众的心,直到终了。

你是否抓住了听众的心,这是很容易察觉的,如果他们连一声咳嗽都没有,目不转睛地注视着你,这无疑表示你成功了。如果他们一直在咳嗽,或者互相窃窃私语,或者不断地翻书,那么你就算再没有头脑,也能够发现,听众对你的演讲已经感到索然无味。此时,你必须重新检视,自己的努力是否足够,并分析令你失败的原因。

倘若你的演讲特别成功,得到听众热烈的回应,你一定会感到无比兴奋。而如果你的演讲不尽如人意,那么你就会觉得非常沮丧。两种结果截然不同,其造成的原因,就在于你的事前准备工夫如何(人生所有的事,都适用这项原则)。

一名成功的演讲者,一定能够适时让听众参与进去。在演讲的过程中,他们总是想方设法挪出时间,鼓励听众提出自己的问题。如此一来,他不仅可以了解听众的看法,还可以通过和他们交流,而互通有无,增广见闻,更重要的是,可以藉此

熟谙演讲的人,绝不会说一些引起听众反感的话。

测试听众对自己的见解到底能接受多少。大部分的听众都希望能在你的演讲中学到新事物，而在听完演讲后，也确实得到他们所期待的结果。事实上，从他人的经验中学习，是一种非常便捷的学习方式。所以，我们有时不妨闭口倾听，这也是学习的一种好方法。

当你意兴风发地接受了母校的演讲邀请后，一定要做好妥善的准备，去开创一场成功的演讲盛会。

父亲能够给你提供的建议也只有这些了，余下的就要靠你去仔细地体会，认真地准备了。我预祝你演讲取得圆满成功。

你的父亲

约翰·皮尔庞特·摩根

第20封信

追求卓越：企业精神的密码

摩根说

　　企业家为了完成企业的使命，往往要支使很多员工工作，这些人也有权利要求从职务和工作中感受到幸福和快乐。因此，企业家除了促使社会繁荣外，还必须使部属满足、快乐。

华尔街之王智慧格言

1. 群策群力，发挥团队精神，更有利于企业的发展。
2. 唯有大公无私，才是最重要的。
3. 要想成为受部属尊重的企业家，爱心是不可缺少的重要条件。
4. 防止失败的方法，就是不时地反省、检讨。

第 20 封信　追求卓越：企业精神的密码

亲爱的小约翰：

　　我发现你和我们的对手之间的怨恨情绪仿佛加深了。在残酷的商场上，打击你的敌人是无可避免的，这是适者生存的竞争法则。可是，有时候也不能过分地不留余地。并且打击敌人也要合情、合理、合法，虽然商业竞争往往不择手段，但如果要使企业具有长久的生命力，有的原则还是要坚持的。

　　如果在商场上树敌太多，被敌人群起而攻之，你自己再强大，也难免最后被别人压垮。那么，你如何才能在商场避免树立仇敌，以免遭到没必要的报复，这是我想说的一个问题。以我多年的经验，我认为首先要谦虚和自信。也就是说，避免树敌的第一点是要"虚心"，如中国的名言："虚怀若谷，方能容纳百川。"

　　我知道你有很多值得骄傲的地方，你对自己非常自信固然重要，但必须建立在谦虚的态度上。你在执行自己的任务时，一定要有信心，但唯有建立在谦虚上的信心，才能变成卓越的信念，把你导向成功。做事失败的人，往往是自大而不知谦虚，以致不知不觉中陷入固执己见、故步自封的境地。

　　这样的情形，越是居于高位的人，越是要特别注意。因为身为高层管理者，很难有人纠正你，这时你只有自我指导，经常自问是否保持谦虚的胸怀。这么一来，你就会了解，并非自己的地位比别人高，而是比别人有更多的能力。当你觉得自己的部属差,你就是没有那一份谦虚的胸襟。即使你发现你的部属什么都不如你,但只要你用谦虚的眼光去看他,你就会慢慢发掘到他的长处。这样,一旦部属有什么适当的提案,你也能欣然接受。这样,群策群力,发挥团队精神,更有利于企业的发展。

作为领导,你要善于纳言,如果你把员工的话当作"废话",可能就进行不下去了,只能到此为止。可是认为"有道理",就能鼓励他多提建议,纠正自己的不足,防止自己犯错误。即使很普通的员工,有时候会触动灵感而获得新的念头,这也许会对自己有帮助,虽然是一件小事,但人生或事业成功的关键,有时候就在这里。

作为一个企业家,在经营公司时,看了其他的公司,可能觉得"经营得不错"。假如能如是想,就会吸取对方的经营方法,用来发展自己的公司。也可以诚恳地去请教,对这种虚心求教的人,除非特别机密,一般对方都会坦率地回答你。

无论做什么事情,"虚心"很重要。但并不是要你毫无主见,让人牵着鼻子走。要一方面坚持"主体性""自主性",一方面虚心接受人家的意见,才能走向成功的道路。

能虚心接受人家的意见,能虚心去请教他人,才能集思广益,比一个人独自暗中摸索要好得多。有人刚开始做生意时,几乎什么都不懂。开发了一件新产品,往往不知道该定价多少。那时他的办法是跑到零售商那里去请教,因为他认为如何定恰当的价钱,去问常与消费者接触的零售商最清楚。到零售商那里,出示新产品,问他们:"像这样的东西可以卖多少钱?"

第 20 封信　追求卓越：企业精神的密码

他们都会坦诚地告诉你行情，照他们的话去做就不容易犯错误，并且不必付学费，也不要伤脑筋，没有比这个更划算的了。

但愿你能培养这种"虚心"的精神，只有能虚心接受他人的意见，虚心向他人学习的人，才能离成功越来越近。

这封信我要告诉你的第二个重点是：作为企业家，在管理中，手腕固然重要，但更重要的是高洁无私的人格，使员工受感动而毫无保留地奉献，知识和手腕固然重要，但也要注意到什么才是人生正确的立足点，唯有大公无私，才是最重要的。从这点来说，就是要有"爱心"。

谁都认为只有自己才是最重要的，这是非常自然的感情。但如果被私心蒙蔽，也就是被个人的利害或感情左右，就很容易判断错误，无法产生坚强的信念。不被私心蒙蔽，仔细考虑什么才是对的，什么才是该做的，这时就能产生正确的判断力、坚强的信念及勇气。

因此，我希望你要对自己严格要求，并且毫无私心地考虑事情以磨炼自己的人格，这才是你要达到的目标。企业家应怀有宽广的胸襟，并以正义为前提，如此不仅能尽到企业对社会的责任，也能使员工心悦诚服。

企业就好比是一串念珠，串联念珠的丝带，就是企业精神，也正是为社会创造财富的精神，如果念珠缺乏这条丝带，珠子就会散落零乱。企业的运作中如果缺乏这种精神，就不能带给企业长久发展的生命力。企业的责任既然是生产物品，那么就必须生产出最优秀的产品，满足社会的需要，消除国家和人民的贫困，使每个人生活更丰富、更快乐，这才能算是完成了企业的目的与使命。企业以经营谋取利润和为社会创造财富虽然有物质和精神的差别,但对于改善人类生活质量的目标应该是一致的。

同时,企业家为了完成企业的使命,往往要支使很多员工工作,这些人也有权利要求从职务和工作中感受到幸福和快乐。因此,企业家除了促使社会繁荣外,还必须使部属满足、快乐。如果缺乏这种爱心,光是靠职位和权力来支使员工,必然得不到别人诚心的帮助。

具有爱心的企业家一旦发现某人有不法的举动时,必须断然地纠正他。如果为了私情,故意隐匿不处分,不只是误解了爱心的真谛,到头来反而害了部属,这就是滥用了爱心。因此,凡事以大局正义为前提,该处罚时处罚,该奖励时奖励,才能算是真正了解爱心的真义。

身为企业管理者,懂得爱心,自然能竭尽全力地去爱护部属,部属了解上司的心意,即便因错误受到惩罚,也能心甘情愿,并在惩罚中学习到做人处世的正确方法。所以,要想成为受部属尊重的企业家,爱心是不可缺少的重要条件。

我是经历许多坎坷和艰辛,才创造出今天的成功和辉煌的。我是这样认为:我的一生,重大的失败是经历过的,如果说小的失败,那是天天都有,甚至是每时每刻都有。不过,这些都如过眼烟云,早已消逝无踪。

人生的失败,往往起因于那种炫耀自己的心理。因为任何人都会有理想,也可以说是梦想,但其中也存在着骄傲,想对社会大众夸耀自己的成就,这种心理不论到多大岁数都还是会

第 20 封信　追求卓越：企业精神的密码

有的。不管那是个人的工作范围，还是公司的工作，或国家的工作，我认为人生的失败，全部都是从炫耀中萌芽的。

任何人，在光景凄惨的时候不必饮泣独处、向天悲叹，在风光无限的时候也不必昂首阔步、藐视别人。尤其是在热度较高、声音嘈杂的人群捧抬你的时候，不要忘了赶忙从忘乎所以中溜下地来，踏实行走。

成功了，往往容易陶醉，而陶醉后当然也就容易出乱子了。防止失败的方法，就是不时地反省、检讨。世事多艰险，因此总是有事与愿违的事情存在。

为什么会发生这种情况呢？大多数是由于对自己认识不够，缺少以自己为中心的反省。

不论公司、商店还是个人，都希望能够得到长久发展。如果某项产品、某件事情干砸了，当然就是事与愿违。这并没有其他的原因，关键就在于自己对所做的事情判断失误。

缺乏自我观察及自我检讨，只是陶醉在自己不断增加的力量之中，甚至高估了自己的实力，这些都会引起失败。这种"事与愿违"的情形，原因在于出发之前没有做好自我反省的工作。

那么，你在这样的情况下要如何呢？我认为，例如，在推出新产品时，要先详细检讨有没有使这件事成功的实力。若力不从心，就不应该做这件事。

如果对于这件事很想进行，而自己的实力又不够，问题就变成如何弥补不足的地方了。若是在资金方面，就应该和银行商量，设法取得资金。若技术不够，就应该广泛征求技术。国内找不到，就应该向国外寻找，一直到做好为止。

寻求技术，有时也要付出相当高的代价。若代价太高，虽然需要这种技术，也不可以这么做。因为代价太高不划算，目标固然可行，但现在还不是做的时候。

我们的一生，可以说就是这样在不断反省中前进的，对此，有的来自体验，也有来自内外的教训。我认为许多公司就是这样，一面反省一面经营，我也一直采用此种方法，所以才有今天的成功。

你的父亲

约翰·皮尔庞特·摩根

第 21 封信

善意而巧妙的批评，将改变你的一生

摩根说

根据我多年的经验，我以为只有大约 10% 的"批评"才是有价值的，其他 90% 都掺杂了嫉妒、恶意、愚笨，甚至无礼。如果你不能洞察细微而一味地耿耿于怀，就会错失许多使自己进步的机会。因此，衡量"批评"的价值，就变得很重要了。

华尔街之王智慧格言

1. 不论是谁,即使是强者,也一定都有性格上的弱点。

2. 批评的杀伤力,往往更甚于武器。

3. 人的一生中,或多或少都免不了受人批评,或是批评他人。

第 21 封信　善意而巧妙的批评，将改变你的一生

亲爱的小约翰：

　　我们都不希望被别人批评，这是人的通性，谁也概莫能外。从古至今都是这样，所以我们也不用去回避这个事实。

　　我知道上周哈里批评了你，你大概到现在仍然心怀怨恨吧？你的脸上写满了不满。对你而言，这个打击一定非同小可，我能理解你此时的心情。虽然哈里对你的指责未必完全正确，

　　但我明白，他一定强烈地伤害了你的自尊。

　　我希望你能明白，批评你的人不一定是发现你做错了事才批评你，也很可能是他想借批评你而达到自己的某个目的。因此，我想你必须关心的是，批评你的人到底是什么样的人。

　　不论是谁，即使是强者，也一定都有性格上的弱点。通常来说，心胸狭窄的人不会对周围事物给予爱心和关心，也不会把眼光放长远，只在芝麻小事上斤斤计较。

　　根据我多年的经验，我以为只有大约 10% 的"批评"才是有价值的，其他 90% 都掺杂了嫉妒、恶意、愚笨，甚至无礼。如果你不能洞察细微而一味地耿耿于怀，就会错失许多使自己进步的机会。因此，衡量"批评"的价值，就变得很重要了。

　　赶紧忘掉那 90% 的不正确的评语吧！因为不公正的或恶意中伤的批评，只会给你带来无谓的烦恼，甚至使你夜夜难眠，却对你丝毫无益。

批评的杀伤力，往往更甚于武器。因此，应对批评必须纯熟，判断更要准确，否则，若不幸陷入对方设置的陷阱里，你将受到恶毒的侵袭，精神上也一定会受到伤害。在这里，我并非想否定所有的"批评"，善意而巧妙的批评，将使你受益匪浅，甚至还可能改变你的一生。

建设性的批评兼之运用巧妙的方法，会使被批评者在不知不觉中接纳了它，而成为导入佳境的一剂良药；反之，如果不经过一番深思熟虑，便贸然批评他人，一定不能收到预期的效果。你的批评到底是建设性的，还是破坏性的？能不能让对方下定决心更正错误，或是反而刺伤了对方，使他受挫？这些问题，你都应该在批评别人之前做认真的自我检讨！身为主管的你，尤其要懂得如何运用批评。如果你对下属的批评，不能让他心服口服、改正错误，而是导致他内心受伤、士气受挫、工作效率降低，那你的批评就不但没有收到理想的效果，而且还会损失许多本不应失去的东西。所以，善用、巧用"批评"是你不可推卸的义务。

人们常会忘记，每一个人的心态与习性都各不相同。正如有些人可以被比喻为蒲公英，有些人却犹如玫瑰一般，你无法对他（她）做同样的要求。譬如在同一个办公室里，有的人好静，有的人好动；有的人积极，有的人消极；有的人擅长这样，有的人则专长于那样。为了一个团体的效率，对那些消极的、被动的、不快乐的，你就必须提出批评。但是，这个批评必须是针对不同的人，做各种建设性的批评。切记，经过一番深思熟虑后再批评他人的人，才是英明的领导。

第 21 封信　善意而巧妙的批评，将改变你的一生

上帝在赐予我们生命的同时，也赐予了我们薄薄的皮肤、脆弱的心灵，一不小心它们就会受到伤害。虽然批评者是那么的友善、中肯，但是被批评者却没有广阔的心胸去接纳那项忠告，他们的一生都将活在沮丧与痛苦中。这样的人一心只想着别人的"评语"，却从不认真思考如何更正自己的错误。

需要再三强调的是，聪明的批评者一定得具备深思熟虑以及说话技巧等必要条件，否则没有人会接受你的批评，以至于大家对你敬而远之。在公司里，人人厌恶的批评者会受到大家无言的抵制，而导致工作效率降低，你得留意这类人，以免对公司造成大的损失。

最近，在企业的经营管理上流行着一种所谓"职务评价"的方法，即把公司所有职员一一叫到面前，然后把他们一年中在工作上的优劣得失都通通数落出来，我本人非常反对这种管理办法，这不仅牵涉人类心理的问题，而且那样做是违反人性的。为什么呢？因为除了极少数的人能够接受之外，一般人很难接受，特别是在短暂的时间内，突然承受一箩筐的赞美，或一大堆的批评。

我认为应该每天都进行"职务评价"。对于公司的主要干部，每天的绩效如何，你应该每天考核，以便于常常称赞他或指正他。一年一度的大量的奖惩，就好像是学校期末考试的成绩单，我认为那太过于公式化了，没有实质的意义，我也不赞成这种做法。如果下属今天就感到迷惑，需要你的教导与指正，你又为什么非等到三个月后的"评价日"呢？所以我再次要提醒你，千万不要让可能避免的错误拖延到第二天。况且，我深信大量的批评，

绝对比不上一点一滴的批评。唯有一点一滴的技巧性的批评，才能卸下员工心头的压力或负担，朝更有效率的生产目标靠近。

让我们先暂时放下这些一般性的问题，现在来分析你最近的情况吧！你有没有冷静地考虑过那位批评你的人呢？他是不是属于根本不值得你在意的那些 90% 的批评？或是属于那 10% 的建设性批评？他批评你的理由只是吹毛求疵，还是的确对你提出了有益的宝贵意见，还是不妥当的评语？答案如果是负面的，你就必须找他沟通一下，但是一定不要丧失自制力，否则一切将会功亏一篑。

亨利·汤姆林斯曾忠告人们："切莫被批评之风击倒！"我们一定要小心地评估所有的批评，并给予适当的回应。因为，"没有经过深思熟虑的批评就像城市里未经保养的下水道一样，随时都可能爆发危险"。

对于那些贴切而善意的批评，你就一定要接纳；而对于那些不当而恶意的批评，你一定要驳回，千万不要默默地独自承受那些恶言中伤的批评者。

人的一生中，或多或少都免不了受人批评，或是批评他人。尤其是当你想做一番事业的时候，更无可避免地要受到或发出更多的批评。因此，趁你现在还年轻，好好学习批评的应付之道吧，这定将使你受益终生。

你的父亲

约翰·皮尔庞特·摩根

第 22 封信

管理的实践,以奋斗者为本

摩根说

　　效益和利润最大化是每个企业追求的目标,但是在追求利润和效益的同时,关心和尊重员工,才能充分发挥员工的积极性,只有这样,企业的管理才能算科学、合理。

华尔街之王智慧格言

1. 天下没有完全相同的两片树叶。

2. 赞赏不光是对员工成绩的肯定,而且还能够充分调动员工的积极性。

3. 如果你能尊重、关心你的员工,你将是一个合格的企业领导。

第 22 封信　管理的实践，以奋斗者为本

亲爱的小约翰：

在企业经营管理中，关心并尊重员工是考核一个企业领导合格与否的一个标准，如果以这个标准来衡量你的话，你将是一个不合格的领导。特别是我知道米勒先生离职的消息后，对于我来说实在是一个不小的震撼。

因为，米勒确实是一位不可多得的好职员，当初我经营公司的制造部门时，就发现米勒的脾性与众不同，同时我也发现并且证明了他确实是一位不可多得的好职员。我想，你之所以与他相处不睦，一定和他的怪癖有关。

一个好的企业领导应该勇于发现和发掘不同性格的员工，然后再根据他们的性格科学地、合理地给他们安排职位。这样才能够最大限度地调动员工的积极性。天下没有完全相同的两片树叶。芸芸众生中，同样没有两个人的想法是一模一样的，正如每个人的面貌各异，每个人的方法也有所不同，这使我不得不叹服造物主的神奇。而更令人惊讶的是，尽管有这种差异的存在，我们仍旧能够相恋相爱、结婚生子、结交朋友、与人共事。

效益和利润最大化是每个企业追求的目标，但是在追求利润和效益的同时，关心和尊重员工，才能充分发挥员工的积极性，只有这样，企业的管理才能算科学、合理。实际上，年纪

稍长、相当成功的企业家和资本家在追求利润和效益的时候，大多数具有疯狂的倾向。特别是在民主的今天，暴君人数没有减少，但是我觉得大多数企业家和资本家们的态度已经有所转变，这可能是因为现在的劳动力市场更具流动性，求职比以前容易有关（住在小镇的人另当别论）。由于阶层差距的缩短，财大气粗的雇主已越来越少，愿意受工作束缚的赤贫劳工也不多见了。

薪水是员工离职的一个原因，但并不完全是因为薪水的高低员工才离职，有的高薪员工同样频频地离职，因为员工需要得到公司的尊重和认同。要想留住人才，你必须做到尊重员工，否则，他们同样会离开我们的公司。由于市场经济竞争的加剧，许多公司的领导人开始站在员工的角度上切实地考虑员工的感受，慎重分析人类工作的动机，尤其重视动机的顺序。根据最新的一项调查显示，金钱仅占工作动机的第七位。至于第一位，则是对工作的成就感。

很明显，完成某件事情所获得的成就感，无疑是辛勤工作的最大报酬。不过，我想每一个人也都希望自己工作的成果能够得到他人的肯定。而目前经营者的最大缺点，就是不懂得称赞员工。

关心和尊重员工是一笔付出少、收益却很大的投资，因为称赞值得称赞的事，不费分文，但是效果却难以估计。称赞员工是一门高深的学问，不是每个企业管理者都能够运用得炉火纯青的。因为，你在适当的时候巧妙地称赞员工，被称赞的员工会认为他的工作得到领导的认同，也就证明了他的工作价值，

第 22 封信　管理的实践，以奋斗者为本

于是由于工作得到认同而拼命工作，力求更好地表现。我们因此可以知道，投资到应有的赞赏上，将会有多么宏大的收益。因此，赞赏不光是对员工成绩的肯定，而且还能够充分调动员工的积极性。

管理有缺点的员工，必须客观地评价他的优点和缺点、工作能力以及团队精神，然后做一个公正的评价。我知道，关于约翰·米勒是位正直、勤勉的职员这一点，我想是毋庸置疑的。尽管他有一些异于别人的行动和意见，我丝毫不以为意。只是，对于他的怪癖我还是做了一番深入调查，因为我担心他的这种情形可能会造成业务上的损失。同时，我也留意了四周的人事，来了解实际的情形，然后我发现，我们每个人多少都有各式各样的奇妙的习惯，可是我们每天见面时却能够同心协力并肩合作，使自己成为一个好的工作团体。当我们指责他人"与众不同"的性格时，一般说来，只不过是彼此的看法、想法、人生观和世界观有所差异罢了。再简单一点地说，也就是"不同的人，有不同的方法"而已。勉强别人认同自己必定是一件很困难的事。

管理员工应该有一套科学的管理方法，特别是有缺点的员工。作为领导，在给他们安排工作的时候你必须想到该员工的特点，因此，我们在跟他人共事的时候，最好不要去触及那个人的内在习性，对于他人的怪癖也最好打马虎眼，除非你想离群索居。请你不要忘了这件事——再完美无瑕的职员，也不可能完全遵从你的意见，你所要重视的，是我们公司的业绩。至于谁一天擤一次、两次甚至千次的鼻涕，都不是问题。除非他

的习惯会为他人带来麻烦,或是极端异常,否则绝不可成为令其辞职的理由。

做一件事必须深思熟虑后才去做,这样才能收到良好的效果,管理一个公司更是如此。管理好企业不光是管理好几个员工那么简单,很抱歉地告诉你,关于米勒先生辞职事件,我想你还有许多地方必须多加学习。

据你所言,似乎是他那种与众不同的性格使你无法忍受。可是,儿子,我希望你要有此认识——我们只是经营的企业,对于性格分析我们并非专家。米勒先生在我们公司服务了10年,在这段时间并没有其他职员向我反映对他的不满。因此,你应当好好地自我反省。

作为公司的领导,你更应该花更多的时间去了解有些员工的个性,这样才能够跟他们和睦相处。你与米勒先生共事的时间只不过是四个月而已,再多相处四个月,你便会以善意的眼光看待他,并以不同的观点来处理这件事吧。

管理一个企业,不能以你的好恶标准来衡量员工的好坏,也不能因为你个人的好恶标准产生了偏差,使得公司损失了一员大将呢!

假如这是事实的话,那么我得趁你尚未将公司内的员工统统撵走之前,赶紧送你到精神病院。

成本管理中就有员工的培训以及员工的工作熟练程度等方面的管理,特别是公司培训员工花费的费用,如果你不能管理好和协调好你与员工的关系,你将是一个不称职的领导。儿子,你可知道栽培一位职员到能够熟练工作为止,必须花多少时间

第 22 封信　管理的实践，以奋斗者为本

与金钱？有些职务，甚至需要一笔相当可观的经费。如果你想将经营效率提升至最高水准（虽然只有理论上的可行性），就势必要将员工离职率维持到最低程度。刚训练好的职员不断离职，会使得公司所有的利益被员工训练经费消耗殆尽。所以，维持员工的士气，不仅有助于工作气氛的和谐，同时也是必要条件。

一个特别优秀的企业必定有一套科学的管理体系，也包括员工管理。因为一个公司员工的素质是一个公司生存和发展的决定因素。

最后，我希望你不要忘了，经常考核部属们的工作业绩，特别对于刚踏入公司的部属，务必评定他的工作表现能不能符合我们所要求的标准。但是，对于长年为公司服务的部属，如果工作业绩有下降的趋势，或是未达标准时，你更应当将此事视为一个红灯，停下来反省自己。为什么这个人的业绩会降低？

假使你自己没有什么疏失的话，那么是不是在他业绩低落的背后另有不得已的因素呢？不妨与他交谈看看，告诉他：现在的他大不如前了。

问题是应该由你去改正呢？还是应该由他自己来解决问题？我们是不是应该伸出援手呢？挽回一位部属的工作效率，或许仅需花费一个小时的时间，可是收效之宏大却往往出人意料。想想看，你跟部属两个人一小时的薪资加起来不过 50 美元左右，然而训练一名接替米勒先生的合格人才所要的费用却高达 5 000 美元。

如果你能尊重、关心你的员工，你将是一个合格的企业领导。管理员工和经营企业是不矛盾的，只有把他们都协调好了，这样才不枉我对你的教诲。确实，员工是一项宝藏，千万不可视之如破铜烂铁。

为了保护对员工所投注的庞大资金，我期望你能竭尽自己最大的努力，使每位员工都能在完成工作最高目标之后，获得成就感。

这样一来，在你自己完成任务的时候，必然也能深深地体会到那份成就与荣耀。而我对于这些圆满结果所附加的利益，将会莞尔一笑。

你的父亲

约翰·皮尔庞特·摩根

第 23 封信

解聘有方,辞退有法,选人有术

摩根说

　　无论在任何情形下,你都不要让被解雇的职员产生太多的挫折感和失落感,这点非常重要。应谨记在心的是,当你在任用职员以前,应仔细挑选,这样才能减少发生不愉快的解雇情形。

华尔街之王智慧格言

1. 公司的成功,是每个职员共同努力的结果。

2. 每个公司都有义务如此保障他的属下,尤其是那些服务年资较长的员工。

3. 公司就像一个小型社会,每天都有无数的人出入。

第 23 封信　解聘有方，辞退有法，选人有术

亲爱的小约翰：

这封信主要和你谈谈解聘员工的话题。

企业招人用人为什么这么难？固然有员工方面的问题，但企业的问题也不在少数。处理好企业与员工的关系，做好人才的招聘、解聘、辞退等事务，是衡量管理者能力的关键。

解聘员工是一种无奈的选择，特别是解聘我们公司的总务部长，我知道此事对你来说，感到非常烦恼，因为，你认为这项任务的执行，将会使他人感到绝望、痛苦。这种恻隐之心是一种好现象，同时表明你有一颗仁厚、体贴别人的心。我非常喜欢你这个优点。

但是，请你不要忘记，公司的成功，是每个职员共同努力的结果，这是一个不争的事实。倘若公司有一个职员不能胜任他的职务，对整个公司的运营来说，虽然不至于产生特别严重的后果，但对一些能胜任且对公司有所贡献的职员来讲，则是一件很不公平的事。况且，对于那些不能胜任公司工作的职员来讲，面对工作或其他环境的压力，他个人也会产生一些不愉快的情绪。因为每天八小时他都要在这种不愉快的氛围中度过，直到走出公司门口，但是，他也绝不可能一下子就把心中的这些苦闷全都抛到九霄云外，忘得干干净净。

我认为繁忙的事务，也会令他们感到工作困难。确实，对

相信自己够勇敢：摩根写给儿子的 32 封信

某些高级管理职员的职务而言，高薪与地位，虽然人人喜爱，可是从某个角度来看，一旦他们处理工作的能力降低，生活也将随之陷入痛苦的挣扎之中，甚至引起混乱，我们会因此而渐渐地对他们失去信心。

值得特别注意的是，在公司中，有些职员的能力远胜过他的职位，他工作起来感觉很无聊，就好像一位船员将船驶进无风地带中，轻松地过去。他会说，这种工作虽然很好、很轻松，但没有一点激情。这种员工在我们公司中，也是一种不好的影响，因为，他感觉每天的工作都非常乏味、无趣，因此，他迟早会离开我们的公司。

上述几种解聘职员的情况较为典型，但是还有另一种情形，就是有些职员和周围的同事不能和谐地相处。对公司来说，他能很热心地参与工作，但在同事之间，他就不能相处得很好，这种员工我也见过不少。他们可能会影响到其他职员，使他们对自己的职务丧失信心，觉得自己就像是挂在墙壁上的文字一样，让人看得清清楚楚，从而心生自卑。如果这样的话，就得在我们所器重的职员辞职之前，先解聘这种会引起纷争的职员。

现在，还是让我们回到主题上来。在我看来，你所要解聘的那位总务部长，无论委任为部下或上司，都是不妥当的。他的工作能力虽然很强，但他的性情和态度，会给人不好的感觉。他经常公开我们公司的工作内容，对我而言，自尊心受到打击是不允许的，这也许是他自己不负责任的一种表现。对于这种情形，公司也常认为这是一个棘手问题而难以解决，所以一拖再拖，直到现在。但我却认为这是一种得过且过的心理，要解

第23封信　解聘有方，辞退有法，选人有术

聘一位职员，虽不是一件好事，但如果你认为这件事合理，却因为不好意思而不敢及时执行，那么就算时间拖得再久，也无法使这个任务变得更容易执行！

作为公司的领导，解聘员工是一件非常正常的事情，老实说，在这以前，我也曾解聘过很多员工，我想你以后也会这样，也许会解聘更多的员工。当你解聘职员时，特别是与职员谈过话后，可能会产生一种犹豫的心理，这都是很自然的。你也许会扪心自问，这样做是不是正确，但是，如果再经过一两个月冷静的思考后，你会发现，自己的处理是对的，而且会认为自己当初应该及早地执行。

解聘公司的员工确实是一件烦心的事情，当你想解聘职员以前，你也应该深思熟虑：在我们的公司里哪个员工无法发挥他的潜力，可能是我们给他安排的职务不适合他，以至于引起他对工作的厌烦（这是我们的错，而非他的错）；或许是因为这位职员的性情，在我们公司里会成为问题，但在别家公司，却反而变成一种优点；那个职员的能力是否在别处能够愉快地胜任工作。无论在何种情形下，都不要让员工产生太多的挫折感和失落感，尽量让员工不会感觉到自己被解聘是那么痛苦，更重要的是能够顺利地转换工作。这一点非常重要，因为，你不需要为自己制造一个敌人，更何况过去曾经是同事，你的确应该这样做。

员工当然一定会问："为什么要解聘我？"碰到这样的问题时，我们的说法千万不可以太过夸张，但也不必因为想掩饰而撒谎，撒谎只会使员工感觉你很卑鄙。此时，你更应该把自

作为公司的领导,解聘员工是一件非常正常的事情。

第23封信　解聘有方，辞退有法，选人有术

己下定决心的理由，以及他的离职将会受惠于他自己和其他职员的情形，用最简单的词句——说明，譬如："很遗憾，这是有关你性格上的问题。""很遗憾，你的技术不大适合我们的工作。"（针对能力太过或能力不足的情形而言）或"解聘你是件很遗憾的事，但你到其他公司工作可能更适合你。"解聘员工非常讲究技巧，如果在上述这种情形下，你应迅速将话题转移到被解聘员工更换工作的事情上，给被解聘的员工一些力所能及的帮助，这样更能够得到被解聘员工的理解。比如，不要吝啬替将要离开的职员写推荐函（虽然说向来很少有人会这么做）。其实，被解聘的人感到最不安的问题，就是被解聘的员工自己是否能顺利地转换工作，而我们的"推荐函"对他转换工作将会有很大的帮助。因此，现在很多公司在任用职员前，都会先了解他在以前公司里工作的情况。总而言之，在处理解聘员工的问题时，你在员工离开你的公司之前，就必须先让他消除转换工作的不安心理。你要让他知道，找工作只是时间上的问题而已。

其实，上述的处理办法尽管能消除他在找工作时的心理障碍，但是，在新的工作尚未确定以前，金钱也是令他烦恼的一个原因。在这个问题上你必须处理好，你可以依据我们的有关遣散费的处理原则，我们的处理原则是在他尚未找到工作以前，根据他在公司工作的时间长短，每个月给予一部分薪资。而且，我个人认为，每个公司都有义务如此保障他的属下，尤其是那些服务年资较长的员工。

在解聘员工时，遣散费这个问题不能忽视。当我们要解聘

职员时，如果他对于公司所给他的遣散费有所不满，往往就会招惹一些麻烦，即使你认为此人并不值得你付出那么高的遣散费，我们都应多付一两个月的薪水。于是，我们就能避免双方对簿公堂，更重要的是，还能避免他因恼羞成怒而采取的复仇举动。可以理解的是那些被解聘的职员，他们对公司一定有相当程度的不满、失望，甚至动摇他们自己的自信心。因此，你必须尽可能地将这些抑制到最低限度，这是你的义务。不管情况如何困难、麻烦，只要你能挺起胸膛、努力地去做，这些问题就会迎刃而解。

在挑选人才的问题上，你应该慎重考虑，当你在任用新员工以前，应仔细挑选，虽然这并不能完全避免和消除解聘事件的发生，但是这样才能减少发生不愉快的解聘事件。因为公司就像一个小型社会，每天都有无数的人出入。所以，这种解聘事件，将来你也不可避免地陆续发生。

确实，经营一个公司，愉快与困难并存，这两者对你事业的发展有很密切的关系。因此，当你面对困难时，你不能一味地回避工作中的困难，你必须欣然地接受不愉快的工作。对于困难的工作，你更应该用积极的心态去处理，这样才能更好地胜任公司交给你的工作。

你的父亲
约翰·皮尔庞特·摩根

第 24 封信

加强效率化管理,释放利润空间

摩根说

所谓的效率化管理,就是刺激部属活用头脑,凭借他们的经验,让他们提供最新的情报,听取他们的经验,让公司的整体发挥最大潜能。

华尔街之王智慧格言

1. 勇于承认发生了问题，是成为优秀的大人物的重要特质之一。

2. 效率和利润是公司生存和发展的重要因素。

3. 做任何事情都有一定的困难，不可能一帆风顺，经营一个公司也同样如此。

4. 效率化管理不是固定的条条框框，也不是放之四海而皆准的法律条文。

第 24 封信　加强效率化管理，释放利润空间

亲爱的小约翰：

让我感到欣慰，你已经做出决策为公司更换现代化设备，并且为此事忙碌奔波。你已经开始学会用行动来证明你的能力，又深知如何进行一项计划而深思熟虑，同时也证明了你灵活地运用过去你在学校所学到的知识，以及这些年来你在社会上累积的经验。在这个决策中，你终于开始崭露头角，一展身手。这些都是你跻身成功人士之列的开始。

成功或者失败都是一件很平常的事，但是必须勇于面对，从中吸取经验和教训。确实，勇于承认发生了问题，是成为优秀的大人物的重要特质之一。感到特别遗憾的是，你至今尚未具备这种特质。我知道你一定不服气，想必你会反驳我："当我失败时，我一定会承认！"我也希望如此。但愿我能活着看到你表现出此项特质，这样就不枉费我对你的一番教诲。

效率和利润是公司生存和发展的重要因素，在把这个问题告诉你之前，你确实已经浪费了许多宝贵的时间，也许是几天，也许是几个礼拜（你也浪费了许多钱）。每多一天，损失就越多。因此，对于这件事我们必须采取的对策，只能是依赖大家的团队精神，除此之外，别无选择。这些问题虽然是老生常谈，但却是绝对重要的，也是非常必要的。

在处理效率管理这个问题上，你必须慎重地考虑对策，这

样才有利于公司的发展。比如,在采用那种可以节约许多人力的设备以前,必须确定,我们是不是有足够的资金购买这些设备。如果没有足够的资金,那么,你必须以会计师的资格,以及通过从经营上学得的技巧,说服银行,同意贷款给我们购买这套设备。因此,只要你说服了银行,现在你只需要提出所借贷资金的妥当的计划书就可以了。

  随着社会的进步,在不远的将来,可以预见员工工资会随着产品价格的提高而增加。你如果使用现代化的设备,那么就不必为此事大伤脑筋了。因此,你只需要花费一笔固定的费用,不必再考虑到人员工资。不过,这样做的前提是我们能够继续经营。在追求效益和利润的今天,如果你一味地追求技术进步,购买设备的支出超过了我们所能负担的费用,一定会承担很大的风险。如果公司遇上经济大萧条,那么我们就会被逼进失败的死角(这句话我已经向你提过326次,而且我会不厌其烦地继续提醒你一千次,直到你深表赞同为止)。

  做任何事情都有一定的困难,不可能一帆风顺,经营一个公司也同样如此。你在刚开始管理我们的公司时,进行计划就遇上困难,太正常不过了,这完全是因为你对这个部门缺乏经验的缘故。尽管你很难下决定,但是在潜意识中,你必须很明确的是哪一个部门应该买入哪一种机器,哪一个部门不应该买哪一种设备,这些都是可想而知的。或许,你还忽略了一项解决问题的最佳途径,那就是——团队精神法。

  成本核算在效率管理中起着举足轻重的作用,很多公司的破产都与成本管理不善有着很大的关系,也常常容易被公司领

第 24 封信　加强效率化管理，释放利润空间

导忽视。因而需要提醒你，在管理那些大部分工作必须借助人力的部门时，你应该请求那些担任成本核算的员工们的帮助，请他们把投入机器设备的最高成本、半自动化的成本，以及生产线成本互相进行比较，然后得出一个合理的解决方案，这样才能更好地管理好我们的公司。关于这方面，你如果还有其他疑惑，那么你应该和厂长商量一番，因为他一定明白，哪个部门实行自动化效果最好，哪种程度的生产量最具效率。其实，你最好找在现场负责的人帮忙比较合适，因为他们比厂长了解得更深入，所以他们能够提供给你更详细而值得参考的资讯。另外，听取质管部门方面的意见，一定也会对你大有帮助。当你分析过各方面资料后，弄清楚每一点，这样你就可以释然了。如果还有疑问，你可以四处巡视，听一听比任何人都了解机械的技工们的意见。他们会提供给你什么是最佳的机械以及制造高质量机械的公司等宝贵意见。

效率化管理不是固定的条条框框，也不是放之四海而皆准的法律条文。所谓的效率化管理，就是刺激部属活用头脑，凭借他们的经验，让他们提供最新的情报，听取他们的经验，让公司的整体发挥最大潜能。其实，这些都是团队精神的重要发挥。在效率管理中，让员工参与管理是最好也是最明智的做法，因为没有比被人要求提出意见更值得骄傲的事了，所以员工也一定乐意参与。特别是当个人知道自己的判断被尊重时，一定会更有干劲。员工是公司重要的支柱，你在任何时候都不要忽略了他们，要随时找机会表达你对他们的诚意。

先进的管理不是空洞的教条，必须科学地加以利用。想要

收集对公司有用的意见，你必须具备敏锐的洞察力和谨慎的行动。然后将这些意见铭记在心，以免下一次再遇到类似无法解决的问题。你不妨奖励敢于提出意见的员工，以表示对他们提出意见的肯定，因为他们害怕提出意见而失去自己的利益。比如你的属下也许会由于这次购买设备，而猜测你是否要削减他们的薪水，或者裁减员工，这些疑惑不是没有根据的，你应该在开始进行计划前就澄清一切。

站在公司的立场上，公司最关心的就是利润和效率。依我所见，你若想要减少员工，而又能够保持目前的成长率，首先你必须减少新招聘员工的人数，员工的职务也必须重新安排，这样才能够让公司效率最大化，因而就应该不会有任何人失业了。但是，由于最近的通货膨胀，员工的开支增加，于是大部分员工都希望能够加薪。如果我们能提高生产效率，一定可以取得更多的市场占有率。于是，也就能够为员工加薪了。

分歧是难免的，当公司内部发生意见分歧时，你必须沉着、冷静，一定要稳住阵脚。如果你通过一项决议，决定采用技工而不采用监工的意见的时候，站在上司的立场，你必须给监工一个圆满的答复，这样才能提高员工的积极性。

资金的使用是效率化管理的重要因素之一。资金的使用关系着公司规模扩大的成功与否，因为流动资金是影响公司规模扩大的决定因素。因此，你必须在资金使用前多加考虑。特别是在购买设备时更要注意。你应多参考一些生产这种机器的公司，选择一个最适合的公司，选择一种最适合的生产能力的机器型号，这就是所谓的"效率管理最大化"的道理。比如说我

第 24 封信　加强效率化管理，释放利润空间

们的装罐机和贴标签机，1分钟只能完成 200 个，你如果买了 1 分钟完成 300 个的封罐机就无法使用了。因此，均匀地调和生产线是非常重要的事，希望你能够使生产线保持雪弗莱的流线形，而不是林肯牌的线条。

先进的设备是提高效率的前提条件，当你要购买某种机器的时候，最好先参观生产这些机器的工厂，你不妨和技工、厂长一起参观，同时也可以彻底地解决你们所有的疑问。如果那种机械的性能并不像广告上说的那么好，你也可以直率地向销售厂表示出来，那么你受骗的机会就特别小，几乎没有了，他们也不可能因为你是外行而蒙骗你。

购买设备时，最好仔细地调查这套设备的折旧期限、零件购买的难易以及经销商是不是提供售后服务等。在这期间，你应该和有关人员再三商量。你必须要经常借助他们的智慧，因为他们是这方面的行家。所以举行庆功宴的时候，必须邀请他们。

我知道，一个决策可能影响公司的效率，特别是在新设备安装完成，开始试车的时候，也就是考验你们的决定是否正确的时候。此时，你可以和全体员工一起进行"评估"。要是他们知道选择正确，一定会为你发出欢呼。如果选择错误，当他们听到我责备你时，他们也一定能够了解是什么理由。当然，对于机器的好坏，你应该负起所有的责任。但是，员工们既然参与了你的购买决策，他们心中自然会有一份责任心，我无须责备他们，他们会主动感到内疚，在下一次购买时，一定会提供给你最完善的资料（因为他们会自己想："被董事长当作傻瓜，

这种耻辱一定要洗刷"）。

　　团队精神是效率管理的一个方面，如何利用团队精神，让员工积极地把多年的经验充分发挥出来。这是企业经常考虑的问题。公司的运作就好像在足球场上踢球，无论你个人的表现多么优异，最后能够获得成功的最大原因，却是全队充分发挥了团队精神使得士气高昂的结果。现实社会也是如此。

　　最后，我想提醒你的是，效率管理不是空洞的教条，也不是千篇一律的照搬照抄，必须灵活地掌握。要使得周围所有的人（包括我在内）全都感到满意，这是不太可能的。所以，只要大体上没有问题，你就可以放手一搏。

你的父亲
约翰·皮尔庞特·摩根

第 25 封信

突破思维的墙,发现创新创意的源头

摩根说

　　创新并不需要天才,创新只在于找出新的改进方法。任何事情成功的原因,在于能够找出把事情做得更好的办法。所以,遇到问题,你要多思考,加强锻炼创造性的思维能力。

华尔街之王智慧格言

1. 创新并不需要天才,创新只在于找出新的改进方法。
2. 创造性思维的核心是创新突破,而不是对过去的再重复。
3. 创新无止境,人类的幸福也没有终点。

第 25 封信　突破思维的墙，发现创新创意的源头

亲爱的小约翰：

你上次的来信中和我谈到你思考问题的方式，我知道，对于像我这样的"老古董"来说，缺乏你们年轻人朝气蓬勃的精神，对于创造性的思考能力，我也相信你应该比你老爸更强。可是，在这里我们首先要弄懂的是：创造性的思维是要建立在一定的基础之上的，并不是凭空臆造，要客观可行。

在此，你要先弄懂"创造性思考"的含义。很多人都往往把创造性的思维，想象成电或小儿麻痹症疫苗的发现，或者是小说创作，或是什么发明创造。当然，这些都是不错的。然而，创新并不是某些行业特有的，也不是具有超常智慧的人才具备的，只要善于开发，我们每个人都有。

什么是创造性思维呢？我这样说吧：一个低收入的家庭制定出一项计划，能让孩子进入一流的大学读书，这也是创造性思维。一个家庭想办法将附近脏乱的街道变成邻近最美的地方，这也是创新。也许你不这样认为，可是，生活是多方面的，我想，你慢慢就会发现。

另外，想方设法简化资料的保存，或向"准顾客"行销，或者让孩子去做有建设性的活动，或让员工能够真心热爱他们的工作，或阻止一场口角的发生，这些事每天都会发生的，你如何用更好的方法处理这些事情，可以说都是很实际的创

新实例。

《伊索寓言》里有这样一个小故事,也许能说明问题:

一个暴风雨的日子里,有一个穷人到富人家行乞。

"走开!"富人家的仆人对穷人说,"不要来打搅我们。"

穷人很可怜的哀求:"让我进去吧!我只在你们的火炉上烤干我的衣服就行了。"仆人认为这不需要花费他们什么,就让他进去了。

到了屋里,这时穷人请求厨娘给他一口小锅,这样他"就能够煮点石头汤喝"了。

"石头汤?"厨娘很奇怪地说,"我想看看你如何用石头做成汤。"于是她同意了穷人的请求,给了他一口锅,穷人于是便到路上找了一些石头洗净后放在锅里煮。

"可是,你总得放些盐进去吧。"厨娘说,她给了他一些盐。后来又给了豌豆、薄荷、香菜。最后,又把能够收拾到的所有的碎肉末都放进了汤里。

这个故事说完,您也许已经猜到,这个可怜的穷人最后把石头从锅里捞出来扔到路上,美美地喝了一锅肉汤。

倘若这个可怜的穷人对仆人说:"行行好吧!请给我一锅肉汤喝吧!"结果又会如何呢?所以,作者在故事的结尾处总结道:"坚持下去,只要方法没有错误,你就不会失败。"这就是说,很多事情的达成,其实是一种方法问题。掌握了方法,事情就容易完满地达成,方法不正确,不但不能把事情办好,

第25封信 突破思维的墙，发现创新创意的源头

往往还要增加更多的麻烦。怎么样才会有好的正确的方法呢？这就是我在这封信里想对你说的创造性思维。

创造性并不满足于已经拥有的知识经验，它努力探索着客观世界中尚未被认知的事物的规律，从而为人类的实践活动开辟新领域、打开新局面。一旦没有创造性思维，没有探索精神，人类的实践就只能原地踏步，人类社会也不会再发展和前进，甚至会陷入倒退的局面。

创造性的思维其实正是人的长处，只是很多人没有开发利用而已，所以才会有不是人人都能成为企业家这样的情况。人若要有所作为，只有通过创造才能发挥出自己的聪明才智，才能体会出人生的真正意义和价值。创造性思维在实践中的成功应用，不但能给人类带来无法估量的幸福，而且鼓舞着人类用更多的热情去进行创造，实现更多的人生价值。

创新并不需要天才，创新只在于找出新的改进方法。任何事情成功的原因，在于能够找出把事情做得更好的办法。所以，遇到问题，你要多思考，加强锻炼创造性的思维能力。

创造性思维就是在传统思路的基础上再进一步做更好的探索，在方法上和思维的结论上，独具慧眼，能够提出新的创见，做出新发现，实现新突破，具有开拓性和独创性。作为一个企业家，只有具备这样的能力，才能在残酷的竞争中遥遥领先，不被对手击倒。

对于一般人而言，通常都是用常规思维方式思考问题，也就是在遵循现存思路和方法时进行的一种思维，重复前人，这就容易步人后尘。对于企业来说，就不会有超越别人的发展，

只能跟在别人的后面。别人过去已经进行的思维过程，思维的结论属于现成的知识范围，可以到书本里去寻找，但真正的创造是要靠自己去拓展。人的思维要解决的是实践中的新问题新情况，常规性的思维解决的是重复出现的问题和情况。

培养创造性思维的关键在于相信自己能把事情做成，只有这种信念，才能使你的大脑运转，去寻求做好这种事情的方法，这是成为企业家所必需的。只要平时注意观察，我相信你就能够发现周围的人分两种类型：一是直接接受现有的知识和观念，这种人总是思想保守、安于现状，他们对生活无热情更谈不上创新；与此相反，另一种人他们注意观察和研究新事物，勇于突破传统观念的束缚。这种人常不满足于现状，敢于向疑难问题挑战，积极探索，勇于创新。后一种人是你应该学习的，这才是企业家的精神。

创造性思维不局限于某个固定的程式和方法，它是独立的思维框架，并且是一种具有创造性的、灵活多变的思维活动，并伴随着"想象""直觉""灵感"等非规范性的思维活动。所以，它具有很大的灵活性、随机性，它会由于时间地点等因素的不同而变化。你只要注意发现和多深入思考，你就不难实现。

创造性思维的核心是创新突破，而不是对过去的再重复。它是没有前车之鉴的，没有任何成功的经验能够套用的，它是在没有任何思维痕迹的路线上去实现的。因此，创造性思维不能保证每次结果都成功，有时它可能会毫无成效，甚至会得出错误的结论。这就是它的风险性，但无论结果怎样，它都具有重要的认识论和方法论意义，因为就算它的结果不成功，也向

第 25 封信　突破思维的墙，发现创新创意的源头

后人提供了少走弯路的教训。就像你第一次合约的失败，虽然没有取得什么成绩，但过后你不停反思，就会学到很多。常规性思维似乎很"稳妥"，但它存在着根本的缺陷，那便是不能帮助人们提供新的启示，所以你要善于突破自己固有的思维模式去创造新的东西。

作为企业家，为了取得对未知事物的认识，总要设法探索前人没有过的思维方式，寻找前无古人的办法去剖析新事物，并且获得新的认识和方法，从而提高自己的认识能力。

我希望你在现实生活中，运用创新思维，提出一些新的观点，逐渐形成种种新的理论，随后做出的一次次新发明，为企业的发展做出成绩。

谈到创新，有人往往望而却步，认为它只是极少数人才能办到的。其实并不是这样，创新有大小之分，并且内容更可以丰富多彩。创新活动并不是只有科学家才能从事的，它已经普及到寻常百姓的生活中去了。目前有很多人都在进行创新活动，不管是生活中、事业上，随处可见创造性思维迸出的火花。人们的理想和目标日新月异，在为这些新事物奋斗的过程中，就需要有创造性的思想。创新无止境，人类的幸福也没有终点，其实人类的幸福就是一个不断创新的过程。

创新是一种力量，是幸福的源泉，英国著名哲学家罗素则把创新认为是"快乐的生活"。创新是生活中最大的乐趣，幸福是在创新中诞生的。生活的乐趣是什么？我认为，它是寓于与艺术相似的创造性劳动之中，寓于高超的技艺之中的。孩子，倘若你热爱自己的事业，那么你就肯定会从你的事业中得到很

多美好的事物。生活的伟大也就寓意于此,我的这些话要告诉你的就是创新与幸福的内在联系,说明创新是生活幸福的原动力。

  我为什么这么说呢?因为每个人都知道幸福是产生在物质生产和精神生产的实践中,由于感受到所追求的目标的实现而得到精神的满足。但是怎样才能实现这样的满足呢?要靠劳动、靠创造。

你的父亲

约翰·皮尔庞特·摩根

第 26 封信

看紧你的钱袋子,掌握投资的门道

摩根说

关于投资这个话题,我不想谈得太多。除了房子投资,当然也还有其他的投资方法,像投资股票、债券等。在你选择投资股票、债券时,需要很仔细地做一番研究计划。

华尔街之王智慧格言
1. 在你选择投资股票、债券时,需要很仔细地做一番研究计划。
2. 制定一个合理而科学的存钱计划,可以减少许多烦恼。

第 26 封信　看紧你的钱袋子，掌握投资的门道

亲爱的小约翰：

很遗憾，你不是一个合格的预算师，特别是在今天早上，当你要求向公司借支 500 美元周转时，这让我非常吃惊。特别让我难以理解的是你在私人资金的用度上不光是有点困难，甚至连一点存款都没有。但是，你每天在资本好几百万的公司里做预算、财务报表及资金的安排却分文钱都不差，真使我难以想象。

我知道这样说，你肯定对这种情况多少有点羞赧不安。其实，不光是你，我也一样（这样说也许你会感到安慰一点）。前些日子，我去拜访我的一个专门做税务业务的朋友，他告诉我，在他的办公室里，每天都有像你这样的高薪白领阶层的光临，他们去的目的就是为了避免因没有缴税而引起的税务机关的起诉而请求帮忙。我实在很纳闷，为什么像你们这样具有大企业管理能力的人，却没有管理自己钱包的能力？大概是因为公司里有强制的财务计划，而个人生活计划却没有。

我不希望你加入"月光族"的行列，所以你从今天起必须学会管理自己的钱包。如果你不能够克制你的支出，那么我提醒你最好忘掉尚未扣税的薪资，而把注意力集中在扣了税的实际薪资上。把每个月应支出的经费，一项项地列出来，从税后的薪资（即薪资净额）中先行扣除，剩下的才是你可以自由使

用的资金。这些可以自由使用的资金有两种处理方式：一种是把它全部花掉，另一种是把一部分储蓄起来。我想你采取后者比较明智一些。除了每月的固定经费，如房租、房屋贷款、水电瓦斯费、餐饮费全部支付之外，还有一部分可在急需时缓解燃眉之急。因为容易发生麻烦的大都是这些基本费用以外的支出。

确实，信用卡的发明使得人们在购物时方便、快捷多了，很多人因此而不亦乐乎。事实上，信用卡同样使很多人增添烦恼。因为信用卡是冲动购物的主因，容易引起被人们称为消费过剩的疾病，没有几年，很多现代人都得了这种病症，而且犯病的次数不少。零售业者利用人们冲动购物的情绪，设置了信用支票，引诱我们无限制地购买，让我们都患上消费过剩症。

防止自己患上消费过剩症的最简单、最简便的方法是自己在购物前，把可以支用的现金带在身上，同时这也是控制自己花钱的最好办法。因为每次你支付现金后，带在你身上的钱便不断减少，你就会警觉，这样的办法只要你坚持两个月，你自然养成一个节约开支的好习惯。因此，你与其在小小传票上毫不在乎地签上你的名字，倒不如你利用现金支付更有警惕作用。除此之外，还可以把每月必须支付的费用或存款先行支付。如果没有信用卡在口袋里，你的钱一定不会那么快就用完，现金浪费的程度一定比信用卡低。你不妨试试看，一个月之内不用信用卡，而改用现金支付，会有什么改变？其实，用现金去买东西并没有什么不好，可是现代人，已经不知不觉掉进可怕的信用卡制度中。

第26封信　看紧你的钱袋子,掌握投资的门道

如果你用钱无度的话,那么你先学一个月的会计,因为这样可以减轻你在金钱上的苦恼。确实,大笔的支付应先确定支付的期限,然后做一个预算表。一定要把这件事当作一个大问题来处理,千万不能马虎。比如重要的保险费、一年一次大笔的支付。

从中总结经验,拟出一个合理而科学的花钱方法,也不枉我对你的教诲。接下来我们商讨一下银行存款这个问题。储蓄有两个目的:一是准备不预期的支出(如电器坏了);二是固定的支出,如每年固定缴纳的地价税、房屋税、年终的所得税申报、小孩子的注册费。

如果你对银行存钱感兴趣的话,你要做的就是从每个月的收入中扣除一部分,然后把它存在银行里,就像支付每个月的房屋贷款一样,然后再把这笔存款当作固定费用,因为它是必要支付的。如果你能按我所说的去实践,以一周为单位,或以一个月为单位,在短期内你便可以渡过难关。如果你想有一个长期的、经济稳定的生活,通常就要从买房子开始。大多数的人(也包括我)一致认为,拥有自己的房子比租房子更有安全感。当然也有例外的,譬如为了工作关系而必须立刻搬家。确实,在个人投资中,以自己的房屋作为基本的不动产投资,这是一种最好的投资,也是一种最明智的选择。但是,买房子需先付自备款,然后再按月或季度分期付款。在分期付款这个问题上,你应把分期付款的金额如何处理都先作一个预算。如果能这样做,这种方针是很正确的。

但是,必须提醒你,在购买房子时,你不能用最高限度的

相信自己够勇敢：摩根写给儿子的 32 封信

自备款买房子，因为你把所有的积蓄都用在房子投资上了，同时每月还要支付很多的贷款额，以至于家里一毛不剩，这是人们通常会犯的一种错误。此时如果遇到疾病或利息提高的情形，整个家庭经济便会发生窘困的现象。为了避免这种情形，你应事先预算出能很轻松支付房屋分期付款的贷款，否则一旦发生意外的事情，只有望天兴叹了。

购买房子确实是最好的投资，因为你可以把房子当成是第二笔存款，而且可享受物价上升时的增值。除此之外，你还可以享受自己投资房子的乐趣（由房子带来的美、舒适及温暖，是投资股票或债券所不能相比的）。盖柯洛说过："再没有比自己的房子更好的东西了"，大概讲的就是这个道理。

人无远虑，必有近忧。你现在还年轻，还不会考虑到 65 岁以后的生活，这种心理我是可以了解的。但是我仍要提醒像你一般年龄却已经想到年老生活的年轻夫妇，他们到退休以后，就会换上一间管理容易、经费较少的房子。把卖房子剩下的钱存进银行，拿利息来做生活费。因为孩子们都长大了、独立了，不需用那么多的房间。冬天、夏天休假日出去旅行，关起门来也不用担心什么，这实在是有先见之明的做法。

关于投资这个话题，我不想谈得太多。除了房子投资，当然也还有其他的投资方法，像投资股票、债券等。在你选择投资股票、债券时，需要很仔细地做一番研究计划。确实，这番忠告听来好像很保守，但是股票买空卖空的事太多了，股价下跌时，股票一文不值的事经常发生。这种投资的风险比较大。如果你要投资的话，你一定要有多余的钱，才可用于投资股票，

第 26 封信　看紧你的钱袋子，掌握投资的门道

万万不可借钱来投资股票。有一点很讽刺的是，那些整日在玩股票，以股票为生的人，都不能成为百万富翁，何况我们这些业余的人呢？

　　制定一个合理而科学的存钱计划，可以减少许多烦恼。在小孩尚未出生以前，夫妇两人都有工作，两人薪水合起来使用当然会觉得相当宽裕。如果是聪明而自制心强的夫妇，就会只用一个人的所得，而将另一个人的所得储存起来，作为买房子的自备款，借的钱也会趁早还掉。这种潜意识你必须有，而且要非常强烈。

　　当然，你也会发现许多的年轻人，他们总会把钱存在银行或家里不用，总会在冬天南下度假，或者在每个周末开着新型的轿车到高级的餐厅吃饭，否则就不快乐似的。如果有一套完善的金钱计划，同样你也可以把这种乐趣编入预算中，实际上，生活的乐趣仍是有必要的。如果把夫妇赚的钱，一毛不剩地花掉，将来你就会有不安全的感觉。尤其在小孩出生以后，又多了一份支出，你会受到很大的冲击。要降低现有的生活水准，并不是一件容易的事，俗话说："由俭入奢易，由奢入俭难。"乐趣虽然是生活中必要的调剂，但亨利·梭罗却说："花最少的钱得到最大的乐趣的人是最富有的。"

　　我想你的生活也不可能一帆风顺，总会遇上许多麻烦，但是为了让你妻子在生活上有保障，你一定要投入人寿保险。为了孩子的教育经费，你也更应该做长远的考虑。即使你不在了，这钱仍是要花的。你有把公司管理好的才能，应该也能计算出买入人寿保险的金额。你一定要尽你最大的能力去投普通的人

寿保险。至于保险公司业务员劝你为了经济稳定而投保的经济保险，你应慎重考虑，大部分业务员劝人投的经济保险，并没有很有效地考虑到通货膨胀的问题。

  我没有权力调查你个人金钱使用的情况。但是因为我对你有特殊的要求，我希望你能够记住我对你的教导，并且有某种程度的保证。我借给你的 500 美元以 20% 的年利率，每星期归还 10 美元，从薪水中扣除，并附上保证书，由你签名。你可能会认为我是一个太过于苛刻的父亲。下次若再碰到"没有预期的费用"而向我借钱时，我的条件就不会像这次这么宽大了。

  其实，我没有像我口中所说的那么生气。汤马斯·肯必斯曾说过这样的话，我再念一次给你听："不要因为别人无法按你的意思去做事而生气，因为自己都无法照自己的意思去做事，更何况别人呢？"

你的父亲

约翰·皮尔庞特·摩根

第 27 封信

投资关键：所有鸡蛋别放在一个篮子里

摩根说

想做一个称职的企业经营管理者，你必须要有应付各种紧急情况的应变能力。还有你必须对很多不确定因素做出客观的评估，以便随时做出对策。你的经费被削减的话，你必须快速地做出相应的决策，尽快地解决它。

华尔街之王智慧格言

1. 多元化经营不是盲目地扩大再生产,也不是改变企业的经营理念。

2. 企业实行多元化战略,必须根据企业的具体情况而做出这个决策。

第 27 封信　投资关键：所有鸡蛋别放在一个篮子里

亲爱的小约翰：

很高兴，你对我们企业的经营范围提出很好的建设性意见，特别是对分散投资风险有更深层次的分析与评价以及规避投资风险的具体做法。确实，自从我进入工商界以后，一直致力于确保财物的安全，把企业经营的多元化当作我们战略的基本方针。你如今考虑到同样的企业的安全性问题，也认为把我们的全部资源集中在一个区域内，会得到更好的结果。

的确，很多人会支持你的看法。因为，这个办法比较容易使公司健康成长。但是，关于这个问题，我想陈述几点我的想法。

企业多元化能够降低投资风险，就好像"不要把所有的鸡蛋放在一个篮子里"的道理。因为篮子总会有不安全的时候，如果把鸡蛋放在几个篮子里，总会有一个鸡蛋不被摔坏。这个道理我想你比我更清楚，每当我们的事业出现投资机会时，我马上会考虑到两点：第一，如果尝试新的事业，资金的运转是否充足？第二，是否确定有具备相关能力和经验的人才来经营这个新事业？（后者，公司应该以人为中心，而不是以公司为中心来集合人，这是真理）。如果能够肯定地回答这两个问题，我才会考虑到其他有关贩卖、流通、竞争，以及其他普通的问题。

企业经营需要有灵活的脑子，不光是在企业内部管理方面，更应该在企业扩大规模上有所体现。如果新的投资项目和我们目前所经营的企业的业务有许多共同点，我就不认为那是多大的赌注，那只是企业业务的延伸或纵横的发展。

多元化经营能够促进企业的发展和壮大，能为企业稳健的发展软着陆，这样不仅能够保住企业的财产不受损失，而且还能让我拥有更多财产，不至于受穷。这就是我主张多元化经营的原因。因为，曾经贫穷的人，为了不再体验那种穷困的生活，便会自然地守住企业的现状。特别是在最初的事业中遭受过失败的人，更希望全力保住自己的第二个事业。其实，我已经花了很多的时间让事业成长。科学地管理和经营一个公司，一天就只有两三个小时发挥自己的能力，而我却有八到十个小时的工作时间。因此，我的工作大部分都在重复，如果我雇用有才能的人来代替自己，我就能够发展其他的事业。

我曾经讲过"不要把所有的鸡蛋放在一个篮子里"的话。这个道理更能说明企业实行多元化战略的种种好处。根据我从前的经验，胜利女神经常从这个公司走到那个公司。如果你拥有好几家公司，至少你一年会得到一次胜利，到目前为止，事实证明了我的看法正确。由于获得胜利的机会大，就是别的公司亏损一点，总体上还是有所盈余。

如果你打算成为工商界的不倒翁，请你不要过于盲目自信，特别是不要认为自己经营任何事业都能够成功。因为这是拥有好几家公司的人遭到失败的重要原因。我凭自己的年龄和经历，我敢断言，你最先应该学习的经营基本原则就是谦虚、谨慎，善于学习别人的先进管理，把别人的先进的管理经验用在自己的企业中，不要盲目地追求某种事业的成功，这样你才能够在

不要把所有的鸡蛋放在一个篮子里。

其他的事业中获得成功，别无选择。

想做一个称职的企业经营管理者，你必须要有应付各种紧急情况的应变能力。还有你必须对很多不确定因素做出客观的评估，以便随时做出对策。你的经费被削减的话，你必须快速地做出相应的决策，尽快地解决它。对于我来说，我特别厌恶由于自己管理的疏忽造成企业的损失，你或许会觉得我的想法有一些古怪。但是，在公司经营管理的过程中，公司如果开始有大笔的损失，马上就会削减所有的经费，那是非常幼稚的做法。事实上，损益表上的不能明确地表明盈利的项目，最有可能被削减经费，甚至遭到删除。

当然，公司到了削减经费的处境，经营规模肯定被缩小，但是如果你重新再编排一次，去掉公司的包袱，就能增强公司的竞争力。因此，只要你有勇气重新再来一次，就算到了最绝望的时候，也顶多是连你一起拉倒，或是拍卖或是关门。

要培育和经营好一个公司，特别是一个充满生机活力的公司，必须特别注意资金和人力资源的管理。很多优秀的企业集团，就是因为公司领导太急于公司的成长，在中途忽视企业的资金和人力资源的管理，这是企业最终垮台的最直接的原因。在这个世界上想要筑起有价值的东西，就必须要有坚固的地基，公司的成长也是如此。

管理一个企业当然有一些难度，经营好一个公司更是如此，全心全意地工作确实能够促进公司的成长。除非那个公司需要你所有的时间管理才能成长，否则没有必要那样做。因为你由此而失去太多成功的机会。因此，你可以换一种思维、换一种

第27封信　投资关键：所有鸡蛋别放在一个篮子里

角度思考问题，然后再去尝试其他的事业，相信你会成功。当然你的成功必须有周全的资金、计划，否则只能浪费我们的财力。

企业应有一套合理、科学的资金管理体系，才能够使公司做大做好，否则，公司就非常容易垮掉。这样的情形在美国的石油工业中屡见不鲜，如此巨大的企业同样有可能濒临破产的危机，更不用说我们的小企业。不过，解决这种危机的办法就是应该时时警惕，加强资金管理，除此以外，别无他法。但是，任何企业不论大小都不会持续到永远。因为，企业经常性的变动，以及配合计划外的需要和供给的能力，全都要靠经营者的超人智慧，然而具备此条件者却少之又少。

多元化经营不是盲目地扩大再生产，也不是改变企业的经营理念，而是在企业自己原有的基础上科学地、有计划地扩大公司的业务生产。事实上，很多公司的多元化经营就是在放下自己的基础和脱离原来的圈子上，或者就是收购别的公司或原料供应商，生产附加价值更高的同一系列产品。如果我们要生产收音机、镜框、家具、汽车用品，无疑是一种轻率的行为。因为那和我们以前所做的事情完全不同。

确实，一个企业有自己的一套管理理论，如果企业实行多元化经营战略，还必须遵守一个重要的原则：与其买下一个公司，倒不如买来那个公司的顶尖的企业人才。我曾经在某家公司里，三年内改换了三名常务。我为自己的拙见感到颓丧，到了几乎疯狂的地步，险些将公司卖掉。最后，我开始尝试用这种方法（如果一开始用这个方法就好了），就是给予在这个公司中的老职员一个施展才能的机会。如果每个人都说不愿在他手下工作，我就任用他，而且结果出奇的好。我的另外一个收获是，职员的离职率降低了3%。

　　企业实行多元化战略，必须根据企业的具体情况而做出这个决策。因此，管好企业不仅是你的义务，更多是你的责任。就像安德鲁·卡内基常常说的那句话，"一家人不会三代都穿工作服"。我现在只不过是努力掌舵，不使我这一代回到穿工作服的时代。当我放下手边的事业时，希望你不要为了证明卡内基是错的，而来尝试你的运气。我已经指出了一条路，希望你好好掌舵。

你的父亲
约翰·皮尔庞特·摩根

第 28 封信

聪明的投资者与银行愉快地合作

摩根说

应该充分发挥你的能力和人际关系，尤其是运用自身的资本和时间，同银行建立起密切关系。我们应该无时无刻不牢记在心中的对象，那就是银行家。

华尔街之王智慧格言

1. 为了避免贷款收不回来,银行家非常注意选择他的客户,常常需要淘汰没有把握的对象。

2. 与银行家打交道,不是一朝一夕就能够相处得很融洽的。

3. 天下没有白吃的宴席。"吃人嘴软"也就是这个道理。

第 28 封信　聪明的投资者与银行愉快地合作

亲爱的小约翰：

　　我不怪你这次失败的举动。我知道你一心一意地专注于公司的生意，却低估了银行的重要性。这就是你最近努力想争取银行贷款、请求银行融资，却不能如愿以偿的真正原因。也许你很疑惑，其实，这其中自有它的道理。因为，我觉得你在企业界已经累积了不少经验，把这次申请贷款的事完全交给你来办理，相信可以让你实地学习有关金融方面的许多知识。

　　和你一样的企业非常多，平时总是忘了银行的好处，一旦贷款申请被拒绝，才想起银行的种种好处来。企业界的这种情况，实在是让我感到很奇怪。因为，他们忘了在工厂、设备、库存、员工、顾客之外，还有一个我们应该无时无刻不牢记在心的对象，那就是银行家。我是白手起家的，而你是在我们和银行的来往关系确定以后才进入公司的，所以难免漏失了这个学习的机会（幸好一直到现在，我们和银行的关系还算密切）。

　　其实，我们在以前的很多次贷款中，从来就没有被银行回绝过。也许，你太依赖这份成绩，期待银行同样在这一次也能自动地许下承诺，对吗？如果你真的这样想，那么你的这次贷款注定会失败。你的心情我能理解，相信你的心情一定很坏，特别是当你的贷款申请遭到拒绝时。你的第一个反应是"我被耍了！"或是"我真笨！他们根本不知道我的本意！搞错了！"

但是，你有没有想过，银行家也是人，难免有犯错的时候。需要提醒你的是，请你不要光顾着发牢骚，请你再想想你的付出和贷款的理由，就不会以为他们是有意刁难你了。

也许你认为银行家就是那种晴天借伞、雨天收伞的人。当然，你的那种看法自有你的理由，不过银行家也有其想法。为了避免贷款收不回来，银行家非常注意选择他的客户，常常需要淘汰没有把握的对象。并不是谁都能轻易获得银行的贷款，要想得到贷款，客户一定得提出某些条件来证明自己有能力归还贷款（当然也有些人，只要坐着不动，贷款资金就会自动送入口袋）。这是很重要的。

要想得到贷款，贷款申请书是一个很关键的因素，你不应该忽视你的贷款申请书，由于你的贷款申请书不够完善，又由于你相当确信如果能收购那家公司对我们的大公司将有帮助，还有对贷款太过于自信，这些都是你失去银行贷款的原因。与银行家打交道的目的同样也是为了得到贷款，因此，为了赢得银行的同意，当你拟定申请书时，你必须在贷款申请书上表明你的贷款意图，一定要"让银行绝对感兴趣"。当然，银行本身自有一定的审核程序，不久，你就会明白，他们是真心诚意地强行要求你再次检讨这份贷款申请书的。那时候你将会发现，你的申请书只是一味地强调你需要多少资金以收购某家公司，却忽略了强调扩大公司的初衷。因此，你最好现在更冷静、更客观地分析你的贷款申请书，否则若因为收购这家公司而犯下大错，你不仅将失去我们目前顺境中应得的利益，而且会没有资金去购买扩充新项目时必需的设备。

第 28 封信 聪明的投资者与银行愉快地合作

在收购其他公司的时候，你应深思熟虑地执行，不要太过急于扩充公司的规模，也不要盲目地并购。俗话说，欲速则不达。你收购公司的意愿，就好像对某位可爱的小姐发生兴趣一样。即使她从头到脚都让你满意，但如果思想不合，那么，你不会对她那么感兴趣，公司也是一样。你最初没有注意的地方，和你一目了然的地方，都应该受到相同程度的考虑。别忘了：一看就中意的，并不一定该买。

银行经理调查过你想要收购的公司，他认为你是要用他的钱来买下收购公司的债权，因此，他感到十分不满。对于银行家来说，他非常在意库存的商品以及资金的周转率，贷款到期时，你有能力还债更是他考虑的重要因素。

银行家有他们的投资方法，如果你想要得到投资的贷款，那么你必须拟出你的可行的项目计划书。或许你的想法和我完全相同，但具体行动起来就难说了。因此，你应该充分发挥你的能力和人际关系，尤其要运用自身的资本和时间，同银行家建立起密切关系。这样才能够与银行家愉快地合作。

与银行家打交道，不是一朝一夕就能够相处得很融洽的。起初，可以请有关的银行经理吃顿午餐。据我所知，你从来没有这么做过。不过，你应该改变过去那种与人打交道的方法。确实，和人交谈时，与其隔着又冷又硬的办公桌相对，倒不如利用愉快的午餐时间让彼此更轻松一些。如果他拒绝，你更要再接再厉地邀请他。直到他答应赴约为止。这个时候，他不仅会感谢你的午餐，对于你的请求也会更加注意。如果一年里你和他共进午餐一两次，在你提出贷款要求之前，先报告你的事业计划，将更能增进彼此的沟通（但是，你切不可抱太大希望，因为和你一样想获得贷款的人，有90%都将采取同样的行动）。

与银行家谈贷款，当然要讲技巧。在饭后吃点心的时候，你不妨明确地告诉他你打算贷多少款的想法。这时，银行经理就会圆滑地斟酌你的说明，有时还会让你死心地放弃贷款。因为最近几笔相同的交易让他失眠了好几天。所以，你必须抓紧时间向他表明你的还债能力。在这个紧要的时刻，时间是个问题，申请贷款的时机也非常重要，你必须抓住这个机会。比如，不妨偶尔请银行副经理吃顿午餐，联络一下感情，他最了解上司的工作情况，所以什么时候最适合请经理吃饭，他将给你很好的建议。这些，说不定对你的计划大有帮助。

天下没有白吃的宴席。"吃人嘴软"也就是这个道理。他们会审查你的计划，当你被拒绝的时候，或许正是他挽救了你将要犯下大错的时候，计划案的审查，是他们日常的工作，对你我却是一年仅此一次。投资项目的贷款申请不被接受或许令人苦恼，但是，买进无可救药的企业，事后再后悔担心，不是更糟糕吗？

在收购公司时，最好与你打算收购的公司的所有权人详细地谈谈，对于有关债权和库存商品过多的问题再多加讨论。价格调整对你收购公司有所收益。另外，不妨提出条件，让对方留下债权，我们只买6个月内生产的库存商品。

今天就谈到这里！

你的父亲
约翰·皮尔庞特·摩根

第29封信

守法经营,理性维护公司利益

摩根说

如果你在经营中与检查者的看法不同,只要你是守法经营,你完全可以抛弃人们世俗的观念和检查者理论,最好是拿出你的证据向上一级申诉。如果他们不称职,那么我们可以状告政府不作为。

华尔街之王智慧格言

1. 因为政府的公务员是人民的"公仆",他们的薪水是我们纳税人纳的税,所以他们必须为人民做事。

2. 只要认为自己一定能获胜,就会成功。但是,不战绝不会胜利。

第 29 封信　守法经营，理性维护公司利益

亲爱的小约翰：

在我们这个极具民主和法制的国家，守法是经营的重要因素，也是企业生存和发展的前提条件。从最近的公司安全检查一事来看，你的担心、你的态度，明确显示出你令人满意的优点——那就是守法的精神。这一点我感到十分欣慰。

当然，我也希望你能够守法经营。不过，由于年纪的增长，我终于明白法律的条文和它的解释是个别独立的，你必须灵活地运用法律给公司带来利益，这才是经营管理者守法经营的精髓。很抱歉，你和检查人员抗辩，好言陈述我们的立场，尽管你的说明十分详尽，证据也很确凿，但是对方并没有改变想法。我也只能如你所说的那样，认为检察官的观察和判断有一部分错了，但是，你还是失败者。因此，你必须灵活地运用法律条文来维护公司的利益。

确实，让检察官相信你的陈述当然是很有难度的，你如果遇到这种情形最初应该采取的对策是，再一次重新设想并调查实际的情况，再一次确认我们的想法是否正确。如果信心仍不动摇，那么我们就有相当确切的反击证据，接下来就可以考虑把对检查人员的不满、我们的不服向他的监督机关投诉。

我知道你对我们采取的这些行动感到十分不安，但是，我认为这是一件好事情。其实，我非常理解你的心情，你是担心

相信自己够勇敢：摩根写给儿子的 32 封信

因此而招致检查人员的反感，结果逼他摆出强硬姿态。但是，不管是联邦政府也好，地方政府也罢，我们对于"公仆"应该有一个正确的认识，那就是他们基本上是正直的，绝无恶意，他们不会故意找老百姓的麻烦。像你一样，有非常多的企业家，不敢把自己的不满向上级行政机关反映，我觉得非常惊讶。大体而言，一个组织，越往上越会遇到有智慧、有见识的人。然而，大多数的经营者，只是一味地想避免对立，对于检查人员的结果报告是否绝对真实，他们总是半信半疑地接受，以为这样就万无一失，事实上并不是那么回事。下面是我个人的一些经验，可以供你参考。

我最大的一次胜利，是和税务监察员之间为了包装材料的课税问题所引起的一场斗争。根据他的检查报告，我们必须缴纳拖欠的 100 000 万美元，以及每年再交纳 75 000 美元。对于这一不公平的裁决，我们计划从两方面展开反击。首先，依照相关法律采取不服申告，同时拜访当地的国会议员，告诉他们因为监察人员的愚昧决定，我们将受到多大的损失。这样，事情就和政治搭上了关系。由于这位当地选出的议员（属执政党）在政府里面拥有相当的权力，因此，政治方面的压力格外大。我们接着聘请国内顶尖的会计事务所出面，显示我们有充足的证据应付第二次调查，准备花 10 000 美元的诉讼费。这是过去 50 年来，类似诉讼案件给予我们的常识。

这时候，政府左右为难了，一方是民意代表和法律专家，另一方是国税局的官员，最后的结果是根据再检查，决定课税 1 603 美元。与原来的 100 000 美元拖欠税和每年 75 000 美元的

第 29 封信　守法经营，理性维护公司利益

课税相比，简直是小巫见大巫。

其实，和人们一般的观念恰好相反，政府也是通情理的。而且靠政治家的努力就能伸张我们的主张，根本没必要牵扯法律顾问。不过话说回来，这次胜利，政府会让步，到底是因为我们有充分出庭的准备？还是因为只是监察人员误解了规则呢？真正的原因，我也不知道。

虽然我们损失了 10 000 美元的诉讼费，但是，万全的准备正是制胜的关键，为了赢得成功，我们必须利用所有可供利用的资源。

另外还有许多有输有赢的事情，所得税、贩卖税、食品、药物检查人员、动物检查员，一些让人想都想不到的问题。但是，根据我的经验，如果你能够耐心、详尽地分析实际情况，只要判断自己是对的，就尽管向最上层机关提出控诉。如此一来，你终必获胜。

如果你在经营中与检查者的看法不同，只要你是守法经营，你完全可以抛弃人们世俗的观念和检查者理论，最好是拿出你的证据向上一级申诉。如果他们不称职，那么我们可以状告政府不作为。因为政府的公务员是人民的"公仆"，他们的薪水是我们纳税人纳的税，所以他们必须为人民做事。于是，你就不必担心有谁会对你的行动进行报复。假如某位检查人员让你感觉他不怀好意，不妨给他的监督打个电话，要求派其他检查人员来，只要你有理由，对方大都会答应的。就算被拒绝也没关系，因为政府当局每一次都派不同的检查人员。

正义就是力量，只要你以守法经营为前提，你在不同的场

合必须展示不同的力量,这样我们一定能够说服政府检察官。因此,你应该立即采取行动了。只要认为自己一定能获胜,就会成功。但是,不战绝不会胜利。

  利润与效率是公司经营管理中的两个重要因素,它们是关系到企业生存和发展的前提条件。因此,我们在管理我们的公司时,除了先进的管理和良好的企业文化,与政府处理好关系也是很重要的一点,我们客观地评价政府对我们的支持,不要畏惧政府。正如弗兰西斯·培根曾经说过:"最难战胜的,就是恐惧心理。"不要畏惧政府,政府是为了帮助我们的事业才存在的,它应该对我们有实质的帮助才对。我们选举出贤能者,让他们做我们的喉舌。错了要勇于承认,如果坚信自己是对的,就要贯彻到底。

你的父亲
约翰·皮尔庞特·摩根

第 30 封信

不会识人用人，你就自己累到死

摩根说

  不同的工作岗位有不同的职责要求，不同的人才适合从事不同的工作。有的人既能统观全局，又善于协调指挥，善于识人用人，组织才能出众，雄才大略，那他就是一个帅才。

华尔街之王智慧格言

1. 选人应以德为首,这是基本要求。
2. 工作对人的要求不同,才能应与职务相称。
3. 对下属的功过,一定要赏罚分明。
4. 含混不清的目标会使下属在关键时刻无所适从,这样的管理是必定要失败的。

第 30 封信　不会识人用人，你就自己累到死

亲爱的小约翰：

　　管理是艺术，管理人则是艺术的艺术，管理艺术的要旨之一就是理顺复杂的人事关系。如果说管理是一门艺术的话，那么用人则是这门艺术中最为复杂的部分，但同时也是企业家能够充分施展才干的领域。由此可以看出，调动人的积极性是一件非常复杂的工作，因为企业的发展是靠集体的劳动，也就是发挥团队的工作能力。你必须知道，使一个企业蓬勃发展，其关键是如何用人、如何发挥员工的主观能动性。

　　要想掌握高超的用人之道，首先要做到知人善任。对于一个企业，在培养人才、使用人才时，必须重视人的道德品质，一旦人员任用不当，就会影响公司的经营。特别是像我们这样的大企业，每个人的任用都会影响企业的业绩。所以，你在人员的任用上千万不能感情用事，仅凭个人的好恶。

　　对员工，特别是领导层，你要做一定的了解。也就是对人的考察、识别、选择、任用，把人根据其自身的特点用到适合他自己的岗位上，也就是任用得当。知人善任，就是要认真地考察各层领导者、确切地了解他们，把每个领导者都安排在适当的岗位上，充分地让他们发挥自己的特长、施展才干。这是企业家的根本任务之一。

　　企业好比一部机器，有了先进的设计、合理的结构和科学

易行的操作规程，还必须有高质量的操作人员。通常说，路线确定之后各层领导者就成了决定因素，就是这个意思。

　　重要骨干的选用是否得当，是企业经营好坏和能否取得成就的重要保证，所以你有必要花 40% 或更多的时间用在选人用人的各种工作上，这个问题是非常重要的。

　　你要舍得花时间认真考察。对于员工，尤其是对于各层领导者的考察、挑选要严格执行。我们的一个竞争对手，为了选择一名车间主任，工厂的领导者先后同二十多名大学毕业的候选人谈话，反复考察、测评、比较，选定以后，又分配去科技、供销科以及第一线试用，再进一步观察，认为合格后，才最后聘任。可见他们考察、选定一个人是十分下工夫的。这是很值得你学习和借鉴的地方。

　　在我们的企业里，就具体某个人来看，德才的发展可能会出现不平衡。有些人德行比较好，才能差些；有些人虽然有才，但德行却稍逊一筹。德才相比，一般更应注意德。因为一个人的品质不好，不容易培养和改变，但才能却可以逐渐进步。很多工作都不是很难，只要能激发他的工作热情，就会出成绩。但品质不好却不然，有时候还会造成破坏。

　　人的品德与正直，其本身并不一定能成什么事，但是一个人在品德与正直方面如果有缺点，则足以败事。所以人在这一方面的缺点，不能仅视为绩效的限制而已，有这种缺点的人，应该没有资格做管理者。我认为，选人应以德为首，这是基本要求。

　　对你的员工，你一定要心底坦荡，眼光宽广。不能一只眼

对于员工,尤其是对于各层领导者的考察、挑选要严格执行。

睛看人,更不能戴着有色眼镜看人。你要从多渠道、多层次、多视角地了解和考察人才。要提防那些善于恭维你,奉承你,拍你马屁的人,因为他们是最容易把事情弄坏的人,而那些能够经常指出并批评你缺点及错误的人,都是对于事情最有帮助的人,最宝贵的人。

一个进取心强、敢冒风险、敢走前人没有走过的路的人,难免有时处理事情有不周不细的毛病;一个有魄力、有才干,不怕习惯势力、敢于打破陈规陋习的人,难免有时显得骄傲自大、目中无人;一个有毅力、有倔劲,不达目的誓不罢休的人,难免有时主观、武断,等等。一个企业家如仅能见人之短而不能知人之长,就易刻意挑人之短而无法看其所长,这样的经营者本身就是一位弱者,也不是一个英明而又正直的企业家对自己的下属所应持有的态度。

作为企业家,必须看主流,绝不要轻信闲言碎语。否则,许多有真才实学、有组织能力、有创业大志、能为企业出大力的人才,就难以发挥他们的才能了。

在任人之前,你首先应根据所需完成的任务的性质、责任、权限以及去完成这项任务的人员所必须具备的基本条件等因素,认真加以分析,提出明确的要求。然后,根据下属的特点和长处,分别加以任用。应该从事业的全局出发,充分考虑人才的具体特点,把他放到合适岗位上。假如不把各人的才能用到最能发挥其作用的地方去,那对人才是一个压制,对事业是一种极大的浪费。

每个人的长处和才能各属特定类型,有的擅长分析,有的

第30封信　不会识人用人，你就自己累到死

擅长综合，有的擅长技术，有的擅长管理，有的精通财务，有的善于交际。特定类型的才能应与特定的工作性质相适应。工作对人的要求不同，才能应与职务相称。给予他的职务应最能激励他发挥自己的优势，既不勉为其难，也不无可事事。扬其所能，其工作自然积极，管理效能也必然提高。

不同的工作岗位有不同的职责要求，不同的人才适合从事不同的工作。有的人既能统观全局，又善于协调指挥，善于识人用人，组织才能出众，雄才大略，那他就是一个帅才。

每个员工都有一定的自信心和自尊心，有成就感和荣誉感，有通过自己的努力去完成某项工作或某种事业的心情和愿望。因此，你应该充分信任他们，授权之后就放手让他们在职权范围内独立地处理问题，使他们有职有权，创造性地做好工作。对他们的工作除了进行一些必要的领导和检查，不要去指手画脚，随意干涉。无数事实证明，这是一项用人要诀和领导艺术。

信任人、尊重人，可以给人以巨大的精神鼓舞，激发其事业心和责任感，而且只有上级信任下级，下级才会信任上级，并产生一种向心力，使领导者和被领导者和谐一致地工作。相反，当一个人的自尊心受到伤害时，他就会本能地产生一种离心力和强烈的情绪冲动，影响工作和同事关系。

你如果不相信下级，那么就很难授权于下级，即使授了权，也形同虚设。有的领导一方面授权于下级，一方面又不放心，一怕他不能胜任，二怕他以后犯错误，对有才干的人还怕他不服管，具体表现为越俎代庖，包办了下级的工作。越权指挥，给中层领导造成被动，不懂某方面的专业知识，却干涉下级的

具体业务，甚至听信谗言，公开怀疑下级等等，这样就会挫伤下级的积极性，不利于下级进行创造性的工作。

你要想充分发挥下级工作的积极性和创造性，一方面要放权，使下级在一定范围内能自主决断；另一方面要设身处地为下属着想，勇于承担下属工作中的失误，不能出了成绩是领导有力，有了过失即下属无能。要言而有信，不能出尔反尔，言行不一，否则下属就会对领导失去信心，领导也会因此而丧失威信。

对下属的功过，一定要赏罚分明。只有这样，才能激励先进，鞭策后进。你要"鼓励竞争"，不能大家一视同仁、相安无事。一旦有人做出了贡献，不但不赏，还有非议，就会使真正的人才无法脱颖而出。所以你不仅自己不能嫉贤妒能，而且要消除下级嫉贤妒能的不良心理。要鼓励竞争，为用人所长创造良好的环境。

培养教育各层领导者也是经营中的重要方面。对各层领导者只使用不培养，是领导者缺乏战略眼光的表现，也是领导者的失职。

培养和提高各层领导者要根据实际和可能，通过多渠道，多种形式进行。工作实践也是一种培养教育的方式。给下级压一定的担子，使他们得到锻炼，从而提高工作的能力和效率，这是一种常用的培养方法。在出人才的工作单位，往往工作多而人手少，这样，每个人的负荷就加大了，每个人干着稍稍超过自己能力的工作，这就创造了一种必须自己去接受锻炼、克服困难的环境。

第 30 封信　不会识人用人，你就自己累到死

你要有这样一条准则：不论采取什么方法，都必须以调动人的积极性为目的，而为了调动人的积极性，则可以采取任何手段。不能仅按照事业的需要设置那种所谓合理的、但没有一个人能够胜任的职位，否则得到这类职位的下属将埋怨他的上级"有意与我过不去"，也就谈不上积极性，更无法达到预期的目的。

当职位设置合理的时候，当被管理者认为自己完全可以胜任这项工作的时候，才可能产生一定的积极性。你如果一旦确信自己已经把最合适的人选安排在合理的位置上之后，就应该授予他有关的权力，充分发挥他的主动性和创造性。这样，才能使他以极大的热情做好你希望他做的事情。

如果对他干涉过多，禁锢手脚，他就会逐渐失去积极性，也就无法发挥自己的才智。在某种意义上可以说权力下放是最有效的调动积极性的方式之一。

当然，授权并不像人们习惯中想象的那样，一旦交出权柄就无法更改。但是只要没有发现这种情况，你就应该尽力支持这个下属的工作，同意他提出的设想和计划，而不是经常去关照他"这件事应该如何去做"。要知道，很可能他的想法要比你高明，这样说丝毫也没有贬低你的意思，因为他是你发现并予以重用的。

任何事业成功的保障，首先是为之奋斗的人必须怀有必胜的信念。每个管理者必须使其下属对自己从事该项工作的能力毫不怀疑，这一点至关重要，因为并不是所有的人都具有这种非常宝贵的自信心。成功的管理者总是千方百计地让他的下属

相信,以你的才能,出色地完成该任务是绰绰有余的。

另外,要求一个下属做好一件工作,必须给他一个实实在在的目标,这个目标是他确实可以完成,而不是那种一听说就会摇头、怀疑自己是否有能力做、很有可能被吓回去的工作,那样将无积极性可言。但也绝对不能排除某种带有一定困难的宏伟目标,因为这种目标具有强烈的吸引力,可以引起他极大的热情和战胜困难的斗志,这就能够调动起他的积极性。

不论哪一类目标:具体的、笼统的、现实的,还是宏伟的,首先都必须是明确的。笼统并不是含含糊糊,宏伟也须是具体的。含混不清的目标会使下属在关键时刻无所适从,这样的管理是必定要失败的。

宏伟的目标具有极大的鼓动性,可以用生动、有力的口号表达,因为生动的口号往往能够有效地激励人们的斗志。

口号的作用就是要造成一种气氛,使得生活于其中的人随时准备或正在以满腔的热情投入工作,对于企业家来讲,不也是如此吗?

你的父亲

约翰·皮尔庞特·摩根

第31封信

咬咬牙，人生没有过不去的坎儿

摩根说

你不妨试着这样说服自己："纵然是困难的事，我也要接受，并且一旦接受了，我就要把它做得尽善尽美。"如果你抱着这种信念，那么任何事情做起来，就会顺利得多，然后还能享受完成任务时的成就感。

华尔街之王智慧格言

1. 一个人的成功与否与他的信念和人格塑造有关。

2. 你要走的道路,要完成的事业,只能依靠你自己,别人对你所能造成的影响非常有限。

3. 人生价值的体现不在于生命的长短,而在于你所完成的事业。

第 31 封信　咬咬牙，人生没有过不去的坎儿

亲爱的小约翰：

　　幸福是什么？你提出的这个问题，我花了一辈子的时间都没有找到答案。对于这个问题，我想每个人都有不同的看法。弗洛伊德说："幸福由快乐构成。"阿多拉说："幸福来自对权力的追求。"对幸福这个问题，威克达·依·法兰克尔阐释得更加准确，特别是他曾写了一本关于精神医学的书，这本书给我很大的启示，也造成了很大的影响。他在这本书中为幸福下了一个全新的定义。

　　确实，上述两位专家的论点和法兰克尔博士的理论相较，它的说服力自然就显得苍白无力了。关于这点，我在后面详细说明。

　　弗兰西斯·培根曾说："人的命运，操纵在自己的手里。"一个人的成功与否与他的信念和人格塑造有关。如果你要成为成功者，那么你必须有一个健全的人格以及健康的积极的心态。在这里，我顺便给你介绍一下成为大人物需要什么条件。首先，大人物必须有他独特的想法和特质，正是因为人与人之间存在着这些不同的特点，所以世界上的人才各不相同。我们要充分了解自己的性格和能力，才能完全发挥出自己的专长，达成目标。此外，大人物还须不耻下问，多学习别人的长处，多和别人研究商讨。

只有这样，你自己才能塑造出适合你自己扮演的成功者角色。所以，你要走的道路，要完成的事业，只能依靠你自己，别人对你所能造成的影响非常有限。

当然，每一个人对幸福的理解各不相同，这是很正常的事。就好像一个人面对困难也能泰然处之一样，这其中的道理我想与每个人的心态以及个人心理的塑造有很大的关系。自由对一个人心理的发展，具有很大的影响。当我们接受命令的时候，有拒绝的自由；面对人生的挑战时，也有选择的自由。当你承担一件困难的任务时，你可以大发牢骚，甚至拒不接受。但是，想成功，就要对自己狠一点。

对自己狠一点，离成功近一点。咬咬牙，相信人生没有过不去的坎儿。你不妨试着这样说服自己："纵然是困难的事，我也要接受，并且一旦接受了，我就要把它做得尽善尽美。"如果你抱着这种信念，那么任何事情做起来，就会顺利得多，然后还能享受完成任务时的成就感。面临挑战时，你有选择自身态度的自由。如果你的选择十分明智，那么你成功的几率就会很大。

战胜困难除了具备面对困难的勇气、积极健康的人生价值观，良好的心理素质也是很重要的。个人心理的塑造可以使你坦然地面对困难，同时还能够让你明白更多的人生哲理。确实，你的心若能稳健地成长，你就会体验到人生应有的责任感，成功自然也随之而来。关于责任的解释，法兰克尔的观点最具代表性，即"人存在的基础"。其实，责任更能够激发人的激情，更能够发挥个人的创造力。根据我的观察，责任心越强的人，

第31封信 咬咬牙,人生没有过不去的坎儿

生活越充实。有些人在面对挑战时,畏缩不前,因为他们害怕尝试失败的苦果。人若想坦然面对成功与失败,必须有一个健康的心态和积极向上的人生价值观,只有这样,你成功的机会才会更多一些。

在这里,我想提醒的是,那些跌倒了再爬起来的人,胜过那些因为害怕跌倒而不敢向前迈步的人。因为,人生本来就是由一连串的"跌倒"与"爬起"构成的,如果你一味逃避,只会离成功越来越远。

不向困难低头是成为伟人的一个决定性条件,证明这一点并不难,因为我们可以从伟人传记中清楚地发现,那些伟人绝不会向恶劣的环境低头。

他们胸中自有一个导引自己的罗盘,在面临抉择的时候,责任感往往就是帮助他们决定方向的指针。每次我读到他们如何披荆斩棘、越过重重难关的经历,都会为他们不屈不挠的精神,感到由衷的赞佩。"达到伟大这座高峰,需要经历许多艰难险阻",这是西尼卡说过的话。这条艰险的道路,至今仍然没有改变。当你站在人生的崎岖路上时,一定要有勇往直前的决心,才能迈向成功。

战胜困难不仅能够证明自己的能力,而且还能领会许多人生的真谛。这就是许多现代的年轻人到现在还无法明白人生价值的真正原因。另外,他们缺乏目标,也没有真正的奋斗目标,因此,就无法体会出个人成功的喜悦。于是,他们的才能也就失去了发挥的可能。也许有一天,当他们面对镜子时,会说出菲特烈·赫贝尔曾经说过的话:"现实生活中的我,似乎再也

不可能成为镜中完美的我。"

　　由于现代生活水平的提高，吃苦的人也越来越少，这是造成现代人好逸恶劳、满腹牢骚的一个原因。确实，这种不好的现象并不是近代才发生的，在古代的罗马就曾经发生过。当然，吃苦与生活水平的提高并不矛盾，因为如何面对困难以及如何解决困难是个人的事情，害怕吃苦并不是生活水准提高的一个可以让人信服的原因，而是大众对自己在心性的教化、对事实的领悟，以及发挥自由的意思去选择和承担责任等方面，没有彻底实施的缘故。如果当这些事情都成为生活的一部分时，一个人才能体会到人生的价值和存在的意义。

　　人类在进化的过程中，人类主要靠战胜困难而赢得生存。但是，现代的人们却没有了古人战胜困难的激情，他们并不是全部都能够为了生存而勇敢战斗的，大多数人都是采取妥协、逃避的姿态。他们把自己藏身在社会福利制度、教会、朋友的庇护下，或是借毒品、酒精来麻痹自己。像这样的心态去面对困难，往往只能束手无策，根本就没有一点能力去战胜困难，更不要提什么挫折了；又由于他们缺乏成功或是失败的经历，所以连克服困难的勇气也无从培养。我曾经讲过，人的命运掌握在自己手里，换句话说，解除困难的决心操纵在自己手里，全凭自己自由选择，无论人们承认与否，事实都是如此，想要战胜困难，只有这样别无选择。还有一类非常可悲的人，他们为了满足现实生活中无法达成的目标，而沉溺在虚构的小说中，成天胡思乱想，不求实际。确实，要经得起考验，以大无畏的精神面对挑战，拍着胸脯对自己说："大丈夫当如是！"这样

第 31 封信　咬咬牙，人生没有过不去的坎儿

才是一条非常明智的道路。法兰克尔博士的著作《医师和心志》一书中，对于这些事情有更明确的说明。他为幸福所下的定义是成就感，你如果仔细推敲，一定会赞同这种说法。世界上没有不劳而获的事情，至于你生而具备的健康的身体，以及幸福的家庭，那是另一回事。幸福绝不可能从天而降，幸福也不会因物质而产生。正如法兰克尔博士所言，要享受幸福，就必须制定目标。小至打扫庭院这样的事，也要尽力做好。幸福可以来自任何地方：比如学习骑车、在校成绩优良、和朋友相处愉快、驾驶私人轿车等，如果把它们做好，就能获得幸福的感觉。

确实，幸福的生活大多来源于成就感。因为只有实现了许多伟大的目标，你才能感觉到自豪。比如，你的祖父每天都制定生活计划，并且努力实施，完成每天的工作。因此，他始终都过着很有成就感的生活。在他 60 岁的生日时，我问起他的健康状况，他说，只要每天早上一睁开眼睛，有一些事情等着他去完成的话，他就会过得健康快乐（这就是他的人生目标）。自从他迈向 65 岁，需要他做的事骤然减少，所以他的身体状况，也大不如前了。

战胜困难，实现自己制定的目标，这样的人生才会更有意义。高质量的生活工作能够提高生活品质，进而使人生充满意义。确实，在人生的旅途中不如意之事十之八九。多一份磨砺，多一份强大。当你遇到了挫折，也要勇往直前，不畏艰险。唯有如此，你才能深刻地体验人生的意义，品尝幸福的果实。

幸福对每一个人来说都有不同的理解，对我而言幸福是在你完成一件工作时同步到来。为了完成工作，你必须以责任为

前提，用这个来选择你工作的态度，然后要有不屈不挠的精神。

　　人生价值的体现不在于生命的长短，而在于你所完成的事业。有的人活了将近一个世纪，到头来仍是一场空。幸福并非来自生命的过程，而是来自你对生活所抱持的态度。

你的父亲
约翰·皮尔庞特·摩根

第 32 封信

爱拼才会赢，未来就全看你的了

摩根说

　　我之所以要将领导权交付给你，理由其实很简单：不久之后的某个早晨，你醒来后发现我已长眠不起。从那一天起，你不仅必须照顾家庭，也得立刻挑起公司的重担。因此，现在你必须有心理准备承担来自各方面的压力。

华尔街之王智慧格言

1. 在企业的管理中,资本的管理决定着企业规模的发展。
2. 在经营管理中,千万不要盲目自信。

第 32 封信　爱拼才会赢，未来就全看你的了

亲爱的小约翰：

　　谢谢你，能在这个时候挽留我，但是，很遗憾地告诉你，我也该退休了。至于如何管理一个企业，该是施展你才能的时候了。我知道你挽留我完全是为我着想，但是，我以后以职员的身份留在公司，表面上仍然参加公司的管理。谁都有自尊心，我也绝不例外。你的要求我很高兴，但是，不仅对将来而言，即使对于目前我所能看到的健全、明智、长期的计划来说，你的要求绝对不是一个好主意。

　　可能对你来说，让你完全来管理这个公司，责任是比较大的，因为如何使公司继续发展这个问题会让许多人大伤脑筋。对于家族企业兴起、繁荣的人们来说，同样也是如此。他们一直都在努力地处理许多事情，特别是有利于公司的发展和壮大的事情，否则我们的企业也不会有今天这样蒸蒸日上的好成绩。

　　在家族企业中，有的企业由于他们的某些愚笨的决策，结果却把企业赶进西伯利亚的不毛之地，这种情形其实不足为怪，通常他们常犯了如下两个使企业致命的错误。

　　他们所犯的第一个错误：他们总是自以为是，有点老子天下第一的味道；或者就是好高骛远，总以为自己的企业能够长生不死。最悲惨的情况无疑是蹒跚地拄着拐杖，连今天是星期几都不知道，却还自以为是最有才能的负责人。

当然，也正由于他们这份顽固及强韧，才能渡过难关，以至于建立起今天的事业，但是现在这种个性却妨碍了公司的生存，我可不希望我的墓碑上刻有这种铭文。

第二个常犯的错误：家族企业的创始人一直把持手中的权力，他们担心继承人的管理能力，因此手中的权力一直放不了手，继承人也永远无法接掌公司。继承人所下的决定，他总要插上一两句，原来是一个很好的计划，却让他搅和得一塌糊涂，所谓"人多口杂"，两个人不可能有相同的思想，一旦两人争夺领导权，结果惨不忍睹。

其实，很多家族企业确实选出了很有才能的继承人，只是没有给他发挥所长的机会，最终导致无数的家族企业面临窘境，有的完全败落，有的则在第一代时就被拍卖。很多家族创始人眼看着自己一个人建立起属于自己的企业王国，由于管理和经营的原因，又看着他的企业陪着他一起消逝，这确实是令人痛心的事。

爱拼才会赢。躲过陷阱，未来的日子将顺风顺水。我现在放权给你，让你管理我们的企业，目的是避免我们重蹈覆辙，同时也是为了使我们的企业能在国际经济界生存，否则我们的企业将会被外国的先进公司所吞没或者由于经营管理不善而破产。因此，必须将我们艰辛建立起来的基业留给下一代，接着是第三代、第四代……

在企业的管理中，资本的管理决定着企业规模的发展，同时资本的累积也是企业参与市场竞争的一个最主要的课题。因此，为了让企业维持稳定的发展，成为全国性的大企业，资本

第 32 封信　爱拼才会赢，未来就全看你的了

管理必须提上一个新的台阶。只有这样，我们的企业才能成为全国性的民营大企业，才是我们企业发展的基础。

关于我退休的问题，主要是为了我们企业的前途考虑，因为企业的发展必须靠先进的管理以及创新来实现，只有这样才能够更稳定地推动企业的发展和壮大。你是我企业的继承人，虽然多少得到亲友的扶持，但是这个地位几乎是全靠你自己的努力争取来的。我不打算对你的工作再多嘴（我也不希望这种记载出现在我的墓碑上，随着退休的日子越来越近，我更是在乎这点），你在每一方面都是第一号人物，现在该是你多年努力后，收获成果的日子。这些年来，我是多么费心地让你能独立自主，现在它已经成为你个性的一部分，牢牢地生根了，我

爱拼才会赢。躲过陷阱，未来的日子将顺风顺水。

如果再在你身旁催促、担忧，你也就没有机会施展所长了。

在我退休的时候，我已经给你安置了一些优秀的金融、法律及财政的专业人才在你的身边。当你陷入困境的时候，他们在每个领域，以收费的方式给你提供建设性的意见；当你需要他们，或者做出成绩时，他们对你伸出援助的手，为你的幸福表示特别的关心。他们并不是为了确保收入，而是为公司的成长献出私人的关心，因此，你必须协调好他们与你的关系，因为他们关系着公司的发展方向。如果你真的在乎他们和几位外援董事，他们将成为你的保护者、守护天使，甚至监护人。我知道只要你能调动他们的积极性，即使在极坏的情况下，凭借他们卓越的才能、丰富的经验，一定能够指导你渡过各种难关。而如何运用这个无价的支援团，就全看你的了。如果得不到他们的帮助，不必去问水晶球，我现在就能郑重警告你：小心财务方面的损失！而且说不定比我所预料的还要惨重。

我之所以要将领导权交付给你，理由其实很简单：不久之后的某个早晨，你醒来后发现我已长眠不起。从那一天起，你不仅必须照顾家庭，也得立刻挑起公司的重担。因此，现在你必须有心理准备承担来自各方面的压力。比如，在最初的一年，公司会面临危机，每个人都会猜想："大老板死了，公司会变得如何呢？"而来往的银行、客户、职员、你的朋友，甚至于敌人，都会擦亮眼睛盯着你。我们的公司，结合了各种利害关系，银行担心他们的贷款，职员关心他们的工作，客户重视商品及服务的品质，在这个节骨眼，你只要轻声地打个嗝，重要的干部就会开始另谋新职，银行则会变得非常神经质，他们虽然不

第 32 封信　爱拼才会赢，未来就全看你的了

会因我的死亡而收回贷款，却有可能降低贷款的额度。

在经营管理中，千万不要盲目自信，但是，该自信的时候，一定要巧妙地、恰当地体现出你的自信，让客户以及竞争对手摸不透你的经营策略。比如，在我死后，如果你能向每个人说下面的话，我将感到轻松许多："父亲的离开，是我个人最悲哀的事（你会这么说吧），但是对事业却没有任何影响，父亲在这 10 年来，一直很少过问这份事业（如果我够幸运，或许你能说近 20 年来），管理公司的是我，当各位听到家父逝世的消息时，一定也觉得放下一颗心了。"

至于如何管理我们的公司，我已经讲了很多，我只是希望你能够靠自己的幽默和勤奋来经营公司，让它更茁壮。我们以后还会有私下交谈的机会，话题大概都是宗教、政治等方面的问题，而关于你的经营方针，我是绝对不打算谈了。另外，在今后的社交场合上，我总会碰到认识你的朋友，他们一定会详细地告诉我有关你的工作情况，已经有许多亲戚朋友说过："你很像你父亲！"或许有一天，他们会引用艾德蒙·巴克的话："不仅是像父亲，简直是一模一样！"我不知道你听了会有何感受，但我可一定会乐坏了。

为什么爸爸要把奋斗多年的事业放手呢？第一个原因，你的母亲在这 20 年来，只享受过两次寒假，而我正打算改写这个纪录！

第二个原因，那个差不多快要被遗忘的花圃需要我更多的照料，一个园艺家也得经常表现一下他不凡的手艺！

第三个原因，北边的湖里好多鱼游来游去，还等我去钓它们，

天上则有好几只雷鸟，正盘旋着寻找合适的窝子！

　　感到庆幸的是我的旅行生涯还未结束，这个美丽的国家，正等着我去一睹风采。别担心！我会带一位副驾驶一起去，不过这位副手为了不失去客户，只好让位给我了。

　　最后，还有52本我一直想看，却没有挪出时间来看的书，这还不包括一套十册的《文明的故事》。我一定要利用闲暇，把它们全部读完，以前没有研究过的有关历史及哲学的重要问题，希望现在开始还不算太迟。

　　如此一来，我就能够好好享受人生了。

　　还有一件事，希望是最后要说的话了，以前已说了好多，也记不清这该是第几条格言了：

　　就像遵守宴会礼节一样，可别忘了也要遵守人生的礼节。当佳肴传到你面前时，伸出手，等待它的到来。佳肴如此，对于孩子、妻子、地位、财富也是一样。

　　写下这些话的是艾皮梯多斯，他是公元120年左右的人。或许他70年的生涯都花在做学问和教育上，而70年的岁月，他用几句话就表达了完美的人生，怎能不令人深思呢？

　　我不相信灵魂转世，不过如果到时候让我真有那回事，我会要求把我送回来做你的小约翰，有你这样的父亲，一定会有更精彩的人生（可以在我的墓碑上刻下这件事）。

　　给你全部的爱！

你的父亲

约翰·皮尔庞特·摩根